Wilhelm Schnarrenberger

Die Pfahlbauten des Bodensees

Wilhelm Schnarrenberger

Die Pfahlbauten des Bodensees

ISBN/EAN: 9783743364677

Hergestellt in Europa, USA, Kanada, Australien, Japan

Cover: Foto ©ninafisch / pixelio.de

Manufactured and distributed by brebook publishing software
(www.brebook.com)

Wilhelm Schnarrenberger

Die Pfahlbauten des Bodensees

Grossherzogliches Gymnasium

Konstanz.

Bericht über das Schuljahr

1890 – 91.

Mit einer wissenschaftlichen Beilage von Prof. Schnarrenberger:
„Die Pfahlbauten des Bodensees".

Konstanz.

Druck von Friedr. Stadler.

1891.

Progr. Nr. 600.

1891.

Chronik der Anstalt.

Seine Königliche Hoheit der Grossherzog haben sich unter dem
24. April d. J. gnädigst bewogen gefunden, dem Gymnasiumsdiener Valentin Lehmann
die silberne Verdienstmedaille zu verleihen. Diese Auszeichnung wurde demselben in
Gegenwart des Lehrerkollegiums und der Schüler der Anstalt feierlich überreicht.

Mit Beginn des Schuljahres übernahm an Stelle des Stadtpfarrers Kaiser Stadt-
vikar Mühlhäusser den evangelischen Religionsunterricht, und am 4. November v. J.
Volksschullehrer W. Decker statt des Münsterchordirektors Molitor den Gesangunterricht.
Im Monat April d. J. traten die beiden Lehramtspraktikanten Franz Hieber
und Martin Karle zur Ablegung ihres Probejahres bei uns ein; die ihnen zugewiesenen
Lehrstunden ergeben sich aus dem Seite 10 angeführten Schema.

Vom 1.—3. Oktober v. J. wurde eine Prüfung des mathematischen, naturwissen-
schaftlichen und Zeichenunterrichtes durch den Grossh. Oberschulrat Geh. Hofrat
Dr. E. Wagner abgehalten. Am 21. April d. J. fand eine Prüfung des altkath. Religions-
unterrichtes durch den Generalvikar Prof. Dr. Weber von Bonn, und am 7. und
8. Juli d. J. eine solche des Turnunterrichtes durch Direktor Maul statt.

Am 25. Oktober v. J. begingen wir die Schulfeier zu Ehren des 90. Geburts-
tages des Generalfeldmarschalls Grafen von Moltke, und am 26. Januar d. J. das
Geburtsfest Seiner Majestät des Deutschen Kaisers Wilhelm II. durch einen festlichen
Schulakt, wobei Prof. Dr. Kimmig die Festrede hielt.

An Unterstützungen kamen zur Verteilung:

Das Schneider'sche Stipendium im Betrage von .	M.	65.
Ein Hofmann'sches	„	160. —
Aus dem Neckarschulfond in Heidelberg . . .	„	140.
Ein Straub-Hahnenberg'sches Stipendium .	„	300.
Ein Kurz'sches Stipendium	„	350.

An Geschenken erhielten wir:

Vom Grossh. Oberschulrat:
Alemannia, Zeitschrift für Sprache, Litteratur und Völkerkunde, herausgegeben von A. Birlinger.

Vom Statistischen Bureau:
Beiträge zur Statistik des Grossherzogtums Baden. Die Volkszählung vom 1. Dezember 1885. II. Teil. Karlsruhe 1889. Heft 3 und 4 der statistischen Beiträge; III. Teil der Volkszählung von 1885 und Forststatistik von 1888. Karlsruhe 1891.

Vom Centralbureau für Meteorologie und Hydrographie im Grossherzogtum Baden:
Der Rheinstrom und seine wichtigsten Nebenflüsse; eine hydrographische, wasserwirtschaftliche und wasserrechtliche Darstellung vorzugsweise des deutschen Stromgebietes mit 9 Übersichtskarten und Profilen und einer Stromkarte des Rheins in 16 Blättern. Berlin 1889.

Von Herrn Geheimen Hofrat Laubis in Freiburg:
Eine grosse Zahl wertvoller Bücher aus dem gesamten Gebiete des Unterrichts: Klassiker, Grammatiken, Wörterbücher und viele andere wissenschaftliche Werke hauptsächlich aus dem Bereich des griechischen und römischen Altertums.

Von den Erben des verstorbenen Prof. Dr. Buttersack:
Joh. Lockius, de intellectu humano. Edit. IV. Londin. 1701.
Stupford A. Brooke, Leitf. der Geschichte der engl. Litteratur. Berlin 1882.
J. Sleidani, Comment. de statu religionis et reipubl. libri XXVI. Argentorati 1555.
Ai. G. Leibnitii Tentamina Theodiceae. Tubing. 1771.
Bohtz, Lessings Protestantismus und Nathan der Weise erklärt. Göttingen 1854.
Andresen, R. G., Über deutsche Volksetymol. Heilbronn 1878.
Müller, W., die Geschichte Württembergs. Stuttgart 1862.

Von Herrn Prof. a. D. Eiselein:
Annuaire des deux mondes. Paris 1855-56.
Wiel, J., Abhandlung über die Krankheit des Magens. Konstanz 1868.
v. Scheel, Hans, Unsere socialpolit. Parteien. Leipzig 1878.
Saegert, C., Pädagog.-didactische Erläuterungen zur Frage des höh. Schulwesens. Schleswig 1863.

Perthes, H., Zur Reform des Unterrichts. Berlin 1873.

Götze, F.. Geographie und Geschichte. Quedlinburg 1877.

Archivo Storico Campano. Caserta 1888.

Vollhering, W., das höh. Schulwesen Deutschlands. 2. Auflage. Leipzig 1883.

Lattmann, J., Zur Methodik des grammatischen Unterrichts. Göttingen 1866.

Schmitt-Blank, C., Deutsche Grammatik für Mittelschulen. Mannheim 1872.

Wenz. G., die Reform des geogr. Unterrichts. München 1874.

Steger, F. A.. Lehrgang f. d. prakt. u. gramm. Sprachunterricht. Delitzsch 1874.

Rössler. C., das Deutsche Reich und die kirchl. Frage. Leipzig 1876.

Rinne, J. K. Fr., Theoret. deutsche Idealstillehre. Stuttgart 1845.

Rinne, J. K. Fr., Theoret. deutsche Realstillehre. Stuttgart 1847.

Held, J. C , Schulreden. Nürnberg 1853.

Jahn, F. L., Deutsche Turnkunst. Berlin 1847.

Hofmann, Fr.. Sammlung von Aufgaben aus der Arithmetik und Algebra. Bayreuth 1858.

Wessenberg, J. H. von, Gott und die Welt. 1857.

Arndt, Aug., Homer und Vergil. Leipzig 1875.

Von Herrn Akademiker Chevalley:

Eine beträchtliche Anzahl Schulbücher für die Bibliotheca Pauperum.

Von der Universität Heidelberg:

Die im Jahre 1889 erschienenen Habilitationsschriften.

Von der Verlagshandlung G. Freytag in Leipzig:

Römische Elegieen in Auswahl für den Schulgebrauch.

Von A. Biese. 1890.

T. Livii ab U. c. Libri. Ed. Zingerle. Lib. VI—X. 1890.

Isokrates Panegyrikus. herausgegeben von B. Keil 1890.

Homeri Ilias, herausgegeben von A. Th. Christ 1890.

Ciceronis Oratt. Sel. Philipp. libr. I—III Ed. Nohl 1890.

Von M. Schauenburg in Lahr:

G. Wendt, deutsches Lesebuch für Sekunda und Prima. 1889.

Von G. D. Bädeker in Essen:

Sängerhain, Sammlung heiterer und ernster Gesänge von W. Greef. 1891.

Für diese freundlichen Gaben sprechen wir im Namen der Anstalt den verbindlichsten Dank aus.

———

Der Unterricht erlitt am Anfange des Schuljahres dadurch mehrfache Störungen, dass 5 Lehrer unserer Anstalt teils auf längere teils auf kürzere Zeit zu militärischen Übungen einberufen wurden. Durch Aushilfe von Kollegen, besonders des Lehramtspraktikanten Kunzer, welcher für 8 Wochen ein volles Stundendeputat übernahm, konnten wir den Unterricht gleichwohl fortsetzen.

-

Der Gesundheitszustand der Lehrer und Schüler war im Ganzen genommen ein günstiger. Nur Oberlehrer Brugger sah sich genötigt vom 14. Juni bis zum Schluss des Schuljahres wegen Nervenleiden den Unterricht auszusetzen. Seine Lehrstunden wurden von Lehramtspraktikant Karle übernommen.

Einen braven Schüler verloren wir durch den Tod: Albert Hörth, Schüler der Quarta, der noch bis Pfingsten seine Klasse besucht hatte, erlag bereits am 5. Juni einer akuten Lungenschwindsucht. In pietätsvoller Erinnerung gedenken wir an dieser Stelle auch des Hinscheidens des Professors F. D. Buttersack, der vom Jahre 1879—1888 am hiesigen Gymnasium als eifriger und pflichttreuer Lehrer gewirkt hatte und thätig gewesen war. Von freundlicher Hand geht uns die nachstehende Lebensbeschreibung zu:

Felix Buttersack war am 27. September 1833 zu Schorndorf als Sohn des dortigen Stadtpfarrers geboren. Er besuchte das Gymnasium zu Heilbronn, wurde nach bestandenem sog. Landesexamen zum Studium der protestantischen Theologie in das Seminar Maulbronn und später in das Tübinger Stift aufgenommen, wo er die Vorlesungen von Baur, Tob. Beck, Landerer und Schwegler hörte und sich hauptsächlich an den jetzigen Philosophen Sigwart und an den Historiker Jul. Weizsäcker anschloss.

Nach beendigten Universitätsstudien war er 2 Jahre lang Lehrer an einem Privatinstitut zu Hofwyl bei Bern, kehrte dann in sein Vaterland zurück, wo er teils als Vikar, teils als Lehrer am Seminar in Blaubeuren verwendet wurde. Dabei trat seine Neigung und sein Talent zu pädagogischem Wirken immer mehr hervor, so dass ihm 1860 die Professur für humanistische Fächer an der Kriegsschule zu Ludwigsburg übertragen wurde. Nach deren Auflösung in Folge der Militärconvention mit Preussen im Jahre 1874 kam er an die höhere Handelsschule nach Augsburg, trat dann im Jahre 1877 in den badischen Staatsdienst, zunächst am Gymnasium in Heidelberg, von 1879 bis 1888 an der hiesigen Anstalt.

Schon 1887 zeigten sich Symptome abnormer Zerreisslichkeit seiner Blutgefässe, die sich allmählich so steigerten, dass er 1888 um seine Versetzung in den Ruhestand nachsuchen musste. Diese Zeit der Musse wirkte so günstig auf seinen körperlichen Zustand, dass er sich mit Eifer dem Amte eines Bibliothekars an der hiesigen von Wessenbergischen Bibliothek unterziehen konnte, als plötzlich neue heftige Blutungen erfolgten, denen er am 31. August 1890 erlag. Lehrer und Schüler werden ihm stets ein freundliches Andenken bewahren.

Die üblichen Klassenausflüge wurden auch in diesem Jahre unternommen.

Statistik der Anstalt.

Personal des Gymnasiums.

Lehrerkollegium.

I. Etatmässige Lehrer:

Direktor Emanuel Forster.
Professor Dr. Hubert Pax.
Professor Joh. Baptist Löhle.
Professor Philipp Ruppert.
Professor Franz Schellhammer.
Professor Dr. Wilhelm Martens.
Professor Dr. Otto Kimmig.
Professor Julius König.
Oberlehrer Martin Brugger.

II. Nicht etatmässige Lehrer:

Lehramtspraktikant Peter Weygoldt.
Lehramtspraktikant Gustav Rieger.
Lehramtspraktikant Dr. Ludwig Nohl.
Lehrer Dagobert Rimmele.
Lehramtspraktikant Otto Kunzer.
Lehramtspraktikant Franz Hieber (Volontär).
Lehramtspraktikant Martin Karle (Volontär).

III. Neben- und Hilfslehrer:

Stadtvicar Mühlhäusser für evangelischen Religionsunterricht.
Stadtpfarrer Bauer für (alt) katholischen Religionsunterricht.
Gebhard Gagg für Zeichenunterricht.
Volksschullehrer Decker für Gesangunterricht.

Beirat des Gymnasiums:

Ministerialrat Engelhorn, Geheimer Ober-Regierungsrat, Vorsitzender.
Landgerichtspräsident Dr. Kiefer.
Medicinalrat Dr. Housell.
Stadtrat von Saint-Georges.
Gymnasiumsdirektor Forster.
Professor Dr. Martens.

Verrechner des Gymnasiumsfonds:

Stiftungsverwalter Mohr.

Gymnasiumsdiener:

Valentin Lehmann.

Abiturienten.

Am Ende des Schuljahres 1889—90 wurden nach Beschluss der Prüfungs-kommission vom 11. Juli 1890 unter dem Vorsitze des Grossh. Oberschulrates Dr. E. von Sallwürk folgende 26 Oberprimaner zur Universität entlassen:

Namen	Geburtsort	Lebens-alter	Religion	Berufsfach
Baader Paul	Konstanz	18 J.	katholisch	Militär
Bickel Hermann	Thengen	20 J.	katholisch	Theologie
Chevalley Heinrich	Düsseldorf	20 J.	evangelisch	Musik
Dold Paul	Villingen	19 J.	katholisch	Medicin
Engelhorn Wilhelm	Rastatt	18 J.	evangelisch	Militär
Frank Martin	Watterdingen	22 J.	katholisch	Medicin
Frirdich Emil	Ruschweiler	22 J.	katholisch	Philologie
Hall Julius	Gutmadingen	19 J.	katholisch	Mathem. u. Natur-wissenschaft
Hämmerle Ludwig	Freiburg	21 J.	katholisch	Medicin
Harrer Wilhelm	Konstanz	20 J.	evangelisch	Jura
Herling Adolf	Ettlingen	21 J.	katholisch	Theologie
Herr Robert	Annweiler	19 J.	evangelisch	Medicin
Hügle Albert	Renchen	20 J.	katholisch	Medicin
Kaltenbacher Robert	Schramberg	20 J.	katholisch	Theologie
Mader Otto	Radolfzell	19 J.	katholisch	Medicin
Neidhart Alfred	Rielasingen	19 J.	katholisch	Philologie
Preuss Hermann	Stühlingen	18 J.	altkatholisch	Medicin
Rasina Otto	Stockach	19 J.	evangelisch	Ingenieur
Schäfer Friedrich	Hegne	19 J.	evangelisch	Landwirtschaft
Schwörer Rudolf	Mannheim	20 J.	katholisch	Medicin
Treier Josef	Nussbach	23 J.	katholisch	Theologie
Wagner Rudolf	Konstanz	18 J.	katholisch	Mathem. u. Natur-wissenschaft
Weltin August	Konstanz	20 J.	katholisch	Steuerfach
Willmann Karl	Hammereisenbach	22 J.	katholisch	Mathem. u. Natur-wissenschaft
Würth August	Öhningen	21 J.	katholisch	Ingenieur
von Würthenau Karl	Engen	19 J.	katholisch	Medicin

Übersicht der Schülerzahl im Schuljahr 1890—91.

Schüler	VI.	V.	IV.	IIIb.	IIIa	IIb.	IIa.	Ib.	Ia.	Zusamm
Promovierte . .	—	13	25	25	22	37	25	27	29	203
Repetenten . .	4	3	4	8		4	—		--	23
Neueingetretene	16	8	12	5	3	3	2	9	1	59
Darunter nach Konfessionen:										
Katholiken *)	10	16	25	30	21	38	16	31	28	215
Evangelische	10	7	14	8	4	6	8	4	2	63
Israelitische	—	1	2		--	—	3	1	—	7
Gesamtzahl	20	24	41	38	25	44	27	36	30	285
Im Laufe des Schuljahres traten aus	—	1	8	4	2	6	2	1	--	24
Stand am Ende des Schuljahres	20	23	33	34	23	38	25	35	30	261
Schüler, deren Eltern hier wohnen	16	15	22	18	9	15	10	5	6	116
Auswärtige (badische)	2	9	18	20	16	28	16	29	24	162
Ausserbadische	2	—	1	—	—	1	1	2		7
*) Davon besuchten den altkatholischen Religionsunterricht .	2	2	--	2	--	1	2	--	—	9

Verteilung der Lehrstunden während des Schuljahres 1890—91.

Lehrer	VI	V	IV	III b	III a	II b	II a	I b	I a	Summe d. wöch. Stunden
Direktor Forster Ordin. von I a									4 Psychol. 6 Griech. 2 Horatius 1 Logik	10
Professor Dr. Pax Ordin. von II a					6 Griech.		8 Latein 6 Griech.			20
Professor Löhle	2 Religion Beicht- und Communionunterr.		2 Religion	2 Religion	2 Religion	2 Religion	2 Religion 2 Hebräisch	2 Religion	2 Religion 2 Hebräisch	20 (23)
Professor Ruppert Ordin. von III b				3 Gesch.u. Geogr.	3 Gesch.u. Geogr.	5 Latein		3 Gesch. u. Geogr. 3 Deutsche Litterat.		20
Professor Schollhammer						4 Mathem. 2 Physik	4 Mathem. 2 Physik	4 Mathem. 2 Physik	4 Mathem. 2 Physik	24
Professor Dr. Martens Ordin. von III a				8 Latein	6 Griech.				3 Deutsche Litterat. 3 Gesch. u. Geogr.	20
Professor Dr. Kimmig Ordin. von I b								7 Latein 6 Griech.	5 Latein 2 Französ.	20
Professor König Ordin. v. VI u. III b	9 Latein 3 Deutsch					8 Latein 2 Deutsch				22
Oberlehrer Brugger		4 Rechnen 2 Geogr. 2 Naturg.	3 Rechnen	3 Mathem. 2 Naturg.	3 Mathem. 2 Naturg.					21
Lehramtsprakt. Weygoldt Ordin. von V		9 Latein 3 Deutsch 2 Geogr.		6 Griech.	2 Deutsch					22
Lehramtsprakt. Rieger Ordin. von IV	2 Geogr.		8 Latein 2 Deutsch 2 Gesch.				3 Gesch.u. Geogr.	3 Gesch u. Geogr. 2 Deutsch		22
Lehramtsprakt. Nehl			4 Französ.	3 Französ.	3 Französ.	3 Französ. 2 Deutsch	3 Französ. 1 Englisch in zwei Abt.	2 Französ.		24
Lehrer Rimmele	4 Rechnen 2 Naturg. 2 Kalligr. 2 Turnen	2 Naturg. 2 Kalligr.	2 Turnen	2 Turnen	2 Turnen	2 Turnen	2 Turnen	2 Turnen	2 Turnen	28
Lehramtsprakt. Hieber (im Sommer)					3 Gesch. u Geogr.	2 Griech. (Homer)				5
Lehramtsprakt. Karle (im Sommer)			2 Naturg.	Vom 14. Juni Stellvertretung für Oberlehrer Brugger			4 Mathem.			6
Stadtvikar Mühlhäusser	2 Religion			2 Religion			2 Religion			6
Pfarrer Bauer	2 Religion			2 Religion			2 Religion			6
Zeichnenl. Gagg	2 Zeichnen	2 Zeichnen	2 Zeichnen	2 Zeichnen	2 Zeichnen					10
Musikl. Decker				Gesang in verschiedenen Abteilungen						6

Verzeichnis der durchgenommenen Lehrpensa.

A. Sprachen und Wissenschaften.

Sexta.

Klassenvorstand: König.

Religion. Kath. Mittlerer Katechismus: Beichtunterricht, Frage 542 — 608. Einleitung und erstes Hauptstück, Frage 1 — 243 mit Auslassung der Fragen 191 — 225 und aller besternten Fragen. Biblische Geschichte des alten Testaments (nach Mey); die Nummern 1—15, 17—29, 31—37, 45, 53—58, 60, 61. Die vorgeschriebenen Gebete. Firmungsunterricht.

Evang: Die mit III, IV, V, VI bezifferten biblischen Geschichten im alten Testament 1—32, im neuen Testament 1—36, die Lieder 62, 96, 131, 188, 318, 326; die im Katechismus mit 4, 5 u. 6 bezifferten Fragen nebst Sprüchen; Frage 1—35.

Altkath: Katechismus: die Lehre von der Kirche, den Sakramenten und dem Gebete. Biblische Geschichte: Neues Testament Nr. 67—82.

Deutsch. Lektüre nach Wendts Lesebuch I. Teil. Vortrag von Gedichten aus Wendts Gedichtsammlung. Griechische und deutsche Sagen. Der einfache Satz. Orthographische Übungen.

Latein. Regelmässige Formenlehre nach der Grammatik v. Stegmann. Übersetzungen aus dem Übungsbuch von Meurer I. Teil. Schriftliche Übungen.

Rechnen. Das dekadische Zahlensystem, Schreiben und Lesen der Zahlen. Die 4 Species mit unbenannten, ein- und mehrfach benannten Zahlen. Kenntnis der Masse, Münzen und Gewichte. Resolutionen und Reduktionen, Zeitrechnung.

Geographie. Geographische Grundbegriffe. Das Grossherzogtum Baden. Die fünf Erdteile übersichtlich nach Seydlitz A.

Naturgeschichte. Anschauung und Beschreibung von Repräsentanten der Ordnungen der Säugetiere und einiger Vögel. Untersuchung und Beschreibung von Blütenpflanzen.

Quinta.

Klassenvorstand: Weygoldt.

Religion. Mit Sexta gemeinsam.

Deutsch. Lektüre ausgewählter Prosastücke. Erklärung und Memorieren von Gedichten; Satzlehre nach den einschlägigen Lehrbüchern von Wendt. Griechische Sagen. Wöchentliche Diktate, seit Neujahr abwechselnd mit Aufsätzen.

Latein. Repetiton des Pensums der Sexta. Abschluss der Formenlehre und das Wichtigste aus der Syntax im Anschluss an die Grammatik von Stegmann und das Übungsbuch von Meurer II. Wöchentliche Extemporalien.

Rechnen. Wiederholung der 4 Species mit mehrfachbenannten Zahlen. Die gemeinen und die Dezimalbrüche. Zwei- und mehrgliedrige Zweisatzrechnungen.

Geographie. Europa mit besonderer Berücksichtigung Deutschlands. Kartenskizzen.

Naturgeschichte. Anschauung der Repräsentanten der Ordnungen der Vögel, der Reptilien und Amphibien. Beschreibung und Vergleichung von Pflanzen und einiger Pflanzenfamilien.

Quarta.

Klassenvorstand: Rieger.

Religion. Kath. Mittlerer Katechismus: Das erste Hauptstück. Aus dem dritten Hauptstück die Fragen 491—502, 514—518, 542 - 621, 631 - 684. Erklärung des Kirchenjahrs. Biblische Geschichte des alten Testaments: Alle deutsch gedruckten Nummern. Die vorgeschriebenen Gebete. Kommunionunterricht in besonderen Stunden. Firmungsunterricht.

Evang. und altkath. mit Sexta gemeinsam.

Deutsch. Prosalektüre nach Wendts Lesebuch, II. Teil. Erklärung und Memorieren ausgewählter Gedichte. Der zusammengesetzte Satz nach Wendts Grundriss der Satzlehre. Aufsätze.

Latein. Wiederholung der Formenlehre. Die Hauptregeln der Kasus- und Moduslehre nach Stegmanns Grammatik. Lektüre: Nepos (Ausgabe von Dr. Martens). Miltiades, Themistocles, Alcibiades, Thrasybulus, Agesilaus, Epaminondas, Hannibal. Wöchentliche Extemporalien.

Französisch. Formenlehre nach Ciala I § 1—65. Lesestücke und Gedichte. Extemporalien.

Rechnen. Wiederholung der Bruchlehre. Die verschiedenen Arten des geschäftlichen Rechnens.

Geschichte. Alte Geschichte nach Jägers Hilfsbuch.

Geographie. Die fünf Erdteile. Einzelnes aus der mathematischen Geographie.

Naturgeschichte. Morphologie der Blütenpflanzen. Übungen im Beschreiben, Vergleichen und Bestimmen typischer Pflanzen. Die wichtigsten Pflanzenfamilien. Insekten.

Unter-Tertia.

Klassenvorstand: König.

Religion. Kath.: Grosser Katechismus: Erstes Hauptstück, ausführlich der zweite und der neunte Glaubensartikel. Biblische Geschichte des neuen Testaments: Alle deutsch gedruckten Nummern nebst 45 und 53. Die vorgeschriebenen Gebete. Firmungsunterricht.

Evang.: Übersichtliche Wiederholung der biblischen Geschichten des alten Testaments mit Rücksicht auf ihren innern Zusammenhang und ihre heilsgeschichtliche Bedeutung; Anleitung zur Kenntnis der heiligen Schrift und Bibellesen im alten Testament; übersichtliche Wiederholung des Katechismus unter Neuerlernung der mit 7 bezifferten Fragen, nebst Sprüchen, mit Beiziehung geeigneter biblischer Geschichten und Gesangbuchslieder Frage 1—70; die Lieder 17, 101, 143, 146, 330; Geschichte der christlichen Religion, erste Hälfte § 1—6 des eingeführten Lehrbüchleins.

Altkath.: Katechismus: Die Gebete, die Lehre von der Kirche. Biblische Geschichte: Altes Testament: Moses, neues Testament Nr. 67—82.

Deutsch. Lektüre nach Wendts Lesebuch II. Teil. Erklärung und Vortrag von Gedichten. Repetition der Satzlehre. Aufsätze.

Latein. Wiederholung der Formenlehre; Syntax: § 108—171, 181—199, 220—243 nach der Grammatik von Stegmann. Übersetzungen nach Warschauers Übungsbuch I. Teil. Caesar de bell. Gall. I., IV, 1—20, VI. Ovid Metamorph. 230 Verse. Schriftliche Übungen.

Griechisch. Die Griechische Formenlehre bis zu den Verba auf μι nach der Grammatik von Wendt. Übersetzungen nach dem Übungsbuch von Wesener I. Wöchentliche Extemporalien.

Französisch. Repetition des Pensums der Quarta. Ciala I § 66 bis zum Schluss, II bis § 21. Lektüre aus Ciala II Anhang. Extemporalien.

Mathematik. Algebra: Die 4 Species der Buchstabenrechnung. Faktorenzerlegung und Kürzen der Brüche. Addition und Subtraktion der Brüche.

Geometrie: Die Fundamentaleigenschaften der ebenen Gebilde. Abschnitt I bis V der Elemente der Planimetrie von Dr. Hubert Müller.

Geschichte und Geographie. Deutsche Geschichte bis zum Jahre 1648. Die Geographie von Deutschland.

Naturgeschichte. Bau und Lebensverrichtungen des menschlichen Körpers. Grundzüge der allgemeinen Botanik.

Ober-Tertia.

Klassenvorstand: Dr. Martens.

Religion. Kath.: Grosser Katechismus. Das zweite Hauptstück kursorisch. Aus dem dritten Hauptstück die Lehre von der Gnade, den Sakramenten (mit Auslassung der Fragen 95—158), den Sakramentalien, dem Gebete und den Ceremonien. Abriss der Kirchengeschichte. Die vorgeschriebenen Gebete und Hymnen. Firmungsunterricht.

Evang. mit Untertertia gemeinsam.

Deutsch. Lektüre nach Wendts Lesebuch II. Vortrag und Erklärung von Gedichten. Ernst, Herzog von Schwaben. Repetition der Satzlehre. Aufsätze.

Latein. Caesar de bell. Gall. I und VII. Ovids Metamorph. I. 747—II, 340; IV, 55—166, 604—V, 250. Wiederholung und Abschluss der Syntax. Wöchentliche Extemporalien.

Griechisch. Repetition des vorjährigen Pensums. Grammatik von Wendt § 140—200. Wesener II von Seite 1—54 alle Übungsbeispiele. Memorieren der Vocabeln von Seite 54—74. Xenophon: Anabasis: lib. I und aus lib. II einige Kapitel. Wöchentliche Extemporalien.

Französisch. Ciala II § 21 bis Schluss, III bis § 17. Lektüre aus Ciala II Anhang und Erkmann-Chatrian „Histoire d'un conscrit". Extemporalien.

Mathematik. Algebra: Proportionen; Potenzen mit ganzen positiven und negativen Exponenten. Gleichungen des ersten Grades mit einer Unbekannten; Anwendung derselben.

Geometrie: Das Viereck; die Vielecke; die merkwürdigsten Punkte des Dreieckes. Der Kreis. Konstruktionen.

Geschichte und Geographie. Die Neuzeit vom 30 jährigen Kriege bis heute. Die ausserdeutschen Länder von Europa.

Naturgeschichte. Allgemeine und spezielle Zoölogie.

Unter-Sekunda.

Klassenvorstand: Ruppert.

Religion. Kath.: Kirchengeschichte bis zum Tridentinum nach Dr. Dreher. Wiederholung der lateinischen Gebete und Hymnen. Firmungsunterricht.

Evang.: Umfassendere Behandlung der Kirchengeschichte; Teile des neuen Testamentes, Johanneische Schriften wurden in der Ursprache gelesen.

Altkath.: Kirchengeschichte: Das Mittelalter, das Wirken der christl. Kirche in Deutschland bis zur Reformation. Bibl. Geschichte: Apostelgeschichte 1—12 nach dem griechischen Text.

Deutsch. Erklärung (und teilweise Memorieren) Schillerscher Balladen; Prosalektüre nach Wendts Lesebuch. Schillers „Tell", „Jungfrau von Orleans" und „Maria Stuart". Referate. Aufsätze.

Latein. Wiederholung und Erweiterung der Syntax nach Ellendt-Seyffert. Ciceros Reden de imperio Cn. Pompei und pro Archia; Sallusts bellum Catilinae; Vergils Aeneis I. II. 1—300. Schriftliche Übungen.

Griechisch. Wiederholung der Formenlehre, ferner die Kasuslehre und das Wichtigste aus der Moduslehre. Schriftliche Übungen. Xenophons Anabasis II. 4 bis Schluss, IV und V; Hellenica III und IV mit Auswahl. Homers Od. I, II, III, VI, IX. X. Schriftliche Übungen.

Französisch. Ciala III bis § 41. — Lektüre: Souvestre „Sous la tonnelle" und Lamé-Fleury „Découverte de l'Amérique". — Extemporalien.

— 15 —

Mathematik. Arithmetik: Potenzen, Wurzeln, Gleichungen des ersten Grades.
Geometrie: Flächenberechnung und Ähnlichkeit der Figuren, Kreisberechnung.
Physik. Die Grundlehren der Physik.
Geschichte und Geographie. Geschichte der Orientalen und Griechen nach
Egelhaaf. Geographische Wiederholungen
Hebräisch. Elementar- und Formenlehre nach der Grammatik von Baltzer.
Das Wichtigste vom Nomen und vom regelmässigen Verbum ohne und mit Suffixen.
Übungen nach Baltzers Übungsbuch. Erlernung von Vocabeln.

Ober-Sekunda.

Klassenvorstand: Dr. Pax.

Religion. Kath.: Die Wahrheit des Christentums nach Dr. Dreher. Firmungs-
unterricht.
Evang. und Altkath. mit Unter-Sekunda gemeinsam.
Deutsch. Prosalektüre nach Wendts Lesebuch III. Teil. Schillers „Lied von
der Glocke" und „Spaziergang" erklärt, ersteres memoriert. Schillers „Maria Stuart"
und „Wallenstein-Trilogie". Poetik. Übungen im Disponieren. Aufsätze.
Latein. Wiederholung der Grammatik. Stilistik. Lehre von den Tropen und
Figuren. Wöchentlich schriftliche Übungen.
Lektüre: Cic. 1) pro Roscio Amer. und 2) pro Archia poeta. Liv. lib. XXI.
Vergil. lib. II. und einiges aus lib. III.
Griechisch. Grammatik: § 86—131. Wiederholung der Formen- und Casus-
lehre. Schriftliche Übungen.
Lektüre: Herodot lib. VII; Homer. Odyss. lib. IX—XXIV. Lysias: 1) für den
„Mantitheus", 2) für den „Gebrechlichen", 3) gegen die „Getreideverkäufer".
Französisch. Ciala III bis Schluss. Repetition der Syntax. — Lektüre: Daudet
„Lettres de mon moulin" und Ségur „Histoire de la grande armée en 1812". —
Extemporalien.
Mathematik. Arithmetik: Logarithmen, Gleichungen des zweiten Grades.
Geometrie: Ebene Trigonometrie.
Physik. Wärme, Magnetismus und Elektrizität.
Geschichte und Geographie. Römische Geschichte nach Egelhaaf. — Geogra-
phische Wiederholungen.
Hebräisch. Wiederholung und Erweiterung der Formenlehre nach Baltzer.
Übungen nach Baltzers Übungsbuch. Erlernung von Vocabeln.
Lektüre: Genesis cap. I—III.

Unter-Prima.

Klassenvorstand: Dr. Kimmig.

Religion. Kath.: Die katholische Glaubenslehre nach Dr. Dreher. Kirchengeschichte vom Tridentinum an bis auf die Gegenwart nach Dr. Dreher. Firmungsunterricht.

Deutsch. Deutsche Litteraturgeschichte bis Klopstock. Lektüre des Nibelungenliedes, verschiedene Gedichte Walters von der Vogelweide u. a. Vortragsübungen und Aufsätze.

Latein. Horat. carm. I, 1, 3, 4, 6. 9. 11, 14, 17, 18, 20, 22, 23, 26, 27, 31, 32, 34, 37, 38; II. 3, 6, 10, 11, 13, 14. 15, 16, 17, 18, 20; III, 1, 2, 3, 8, 9, 12, 13, 14, 16, 18, 21, 23, 29, 30; IV, 3, 7, 12, 15. Epod. 2, 7, 10. — Cic. in Verrem IV. — Tacit. Germania; 65 ausgewählte Kapitel aus Buch IV und V der Historien. — Grammatische und stilistische Wiederholungen. Schriftliche und mündliche Übungen.

Griechisch. Homer, Ilias I—XII in Auswahl (4000 Verse). — Demosthenes, die drei Olynthischen Reden. — Griechische Lyriker: Elegien und Lieder von Kallinos, Archilochos, Tyrtaios, Mimnermos, Solon, Theognis; Alkaios, Sappho, Alkman, Anakreon; Anakreontea, Skolien, Volkslieder (bes. Flor. graec. Afran. fasc. I und V). — Platon, Apologie und ausgewählte Kapitel des Phaedon. — Grammatische Wiederholungen. Schriftliche Übungen.

Französisch. Lektüre: Souvestre „Un philosophe sous les toits", Augier et Sandeau „Le gendre de Mr. Poirier", Racine „Mithridate". — Grammatische Repetitionen. — Extemporalien.

Mathematik. Arithmetik: Arithmetische und geometrische Reihen, Zinseszins- und Rentenrechnung.
Geometrie: Stereometrie.

Physik. Mechanik.

Geschichte und **Geographie.** Geschichte des Mittelalters und der Neuzeit bis zum Jahre 1648.

Philos. Propädeutik. Empirische Psychologie.

Hebräisch. Wiederholung und Erweiterung der Formenlehre nach Gesenius. Lektüre: Richter XIII—XV; I. Kön. cap. 10. Psalmen 1—7.

Ober-Prima.

Klassenvorstand: Der Direktor.

Religion. Kath.: Die katholische Sittenlehre nach Dr. Dreher. Firmungsunterricht.

Deutsch. Übersicht der Litteraturgeschichte von Klopstock bis zu Goethes Tod. Lektüre von Lessing, Goethe und Schiller. Vortragsübungen. Aufsätze.

Latein. Cic. pro Sestio. — Catull, 30 ausgewählte Lieder, Tibull, I, 1, 3, 10; II, 1; Properz, I, 17, 18; II, 26; III, 1, 2, 21; IV, 11. — Tacitus, Annalen, 120 ausgewählte Kapitel aus Buch XI—XVI. — Grammatische und stilistische Wiederholungen. Mündliche und schriftliche Übungen. Horaz, Satiren und Episteln.

Griechisch. Homer Ilias, XII—XXIV. Soph. Oedip. Rex und Elektra. Plato Protagoras. Thukyd. I, II. Schriftliche Übungen.

Französisch. Corneille, Polyeucte; Molière, Le Misanthrope und Le Malade imaginaire; Fabeln von La Fontaine und Florian; Gedichte von Béranger, Victor Hugo, Lamartine, Musset u. a.; Thiers, Histoire du Consulat et de l'Empire, Buch IV. — Übersicht über die französischen Lautgesetze der Entwickelung aus dem Lateinischen. Grammatische Wiederholungen. Mündliche und schriftliche Übungen.

Mathematik. Arithmetik: Kombinationslehre, binomischer Lehrsatz. Geometrie: Stereometrie.

Physik. Magnetismus und Elektrizität, Optik.

Geschichte und **Geographie.** Neuzeit. Wiederholungen aus der Geographie.

Philos. Propädeutik. Logik. Übersichtliche Darstellung der Geschichte der griechischen Philosophie.

Hebräisch. Wiederholung und Erweiterung der Formenlehre nach Gesenius. Lektüre: Psalmen 16—30.

Englisch

für freiwillige Teilnehmer.

I. Abteilung. Grammatik und Lektüre nach Fölsing-Koch: Elementarbuch der englischen Sprache.

II. Abteilung. Grammatik und Lektüre nach Kochs Lehrbuch der englischen Sprache II. Teil.

B. Technische Fächer.

Kalligraphie in Sexta und Quinta. Deutsch-, Latein- und Cursiv-Schrift.

Turnen. Nach dem Lehrplan von A. Maul.

Zeichnen. Sexta: Zeichnen ebener geradliniger und gebogener Formen. Quadrat, Dreieck, Kreis in verschiedenen Stellungen, Teilung, Strahlung zu ästhetischen gefälligen Zierformen. Massenunterricht nach Vorzeichnen an der Schultafel.

Quinta: Fortsetzung derselben Übungen mit Anwendung von Farbe zur Hervorhebung der einzelnen Zierformen.

Quarta; I. Zeichnen mit Zirkel, Lineal, Winkel, Reissfeder und Tusch; das Quadrat, Rhombus, gleichseitige und rechtwinklig gleichschenklige Dreiecke; der Kreis, die regulären Fünf-, Sechs-, Acht- und Zehnecke. Erklärung und Konstruktion von Grund- und Aufriss; Seitenansicht einfacher Körper nach Draht- und Vollmodellen.

3

II. Grundbegriffe der Perspektive, der Standpunkt, Sehkreis, Augpunkt, Horizont. Massenunterricht. Übungen an aufgestellten Modellen, Stühlen, Tischen, Schränken, Vasen.

Unter- und Ober-Tertia: Zeichnen klassischer Ornamente. Griechische und römische Architektur in Farben und schattiert nach Vorlagen und Modellen.

Gesang. Sexta, Quinta und Quarta: Das Liniensystem, Notenschlüssel, Tonleitern, Tongeschlecht und Tonart, Intervalle. Ein-, zwei- und dreistimmige Lieder aus verschiedenen Sammlungen.

Sekunda und Prima: Leichte vierstimmige Männerchöre, Gesänge für vierstimmigen gemischten Chor, gemeinschaftlich mit Sopran und Alt, aus verschiedenen Sammlungen; Kirchengesang.

Ordnung der Prüfungen.

Mittwoch den 29. Juli.

Vormittag:

8—10 Uhr: Religionsprüfung der verschiedenen Konfessionen.
10-11 „ **Sexta:** Deutsch, Latein, Rechnen.
11—12 „ **Quinta:** Latein, Geographie, Naturgeschichte.

Nachmittag:

3—4 Uhr: **Quarta:** Latein, Französisch.
4-5 „ **Unter-Tertia:** Griechisch, Mathematik.

Donnerstag den 30. Juli.

Vormittag:

7— 8 Uhr: **Ober-Tertia:** Latein, Französisch, Naturgeschichte.
8- 9 „ **Unter-Sekunda:** Griechisch, Geschichte.
9—10 „ **Ober-Sekunda:** Latein, Mathematik, Physik.
10—11 „ **Prima:** Griechisch, Deutsche Litteratur.

Nachmittag 3 Uhr:

Feierlicher Schlussakt.

Zur Teilnahme an den öffentlichen Prüfungen und dem Schlussakt beehren wir uns die Eltern und Angehörigen unserer Schüler sowie alle Freunde unserer Anstalt ergebenst einzuladen.

———•———

Bekanntmachung.

Das neue Schuljahr nimmt seinen Anfang

Freitag den 11. September.

An diesem oder an einem der unmittelbar vorangehenden Tage werden Anmeldungen neu eintretender Schüler auf dem Geschäftszimmer der Direktion entgegengenommen. Spätere Anmeldungen können nicht berücksichtigt werden.

Die Nachprüfungen der bedingungsweise versetzten Schüler und die Aufnahmsprüfungen werden am 12. September Vormittag von 8 Uhr an abgehalten.

Bei der Meldung zur Aufnahme sind ausser den Zeugnissen über frühern Schulbesuch oder Privatunterricht ein Geburts- und Impfschein, und, wenn der Schüler das zwölfte Lebensjahr überschritten hat, ein solcher über Wiederimpfung vorzulegen.

Der eigentliche Unterricht beginnt Montag den 14. September.

Über die Aufnahme der Schüler giebt die Verordnung vom 2. Oktober 1869 folgende Vorschrift:

§ 22.

Die Aufnahme neuer Schüler findet in der Regel nur am Anfang des Schuljahrs statt. Namentlich sollen Schüler, welche ohne hinreichenden Grund eine Anstalt im Laufe des Schuljahres verlassen, innerhalb desselben keine Aufnahme in einer andern finden.

§ 24.

Als Vorkenntnisse für die Aufnahme in die unterste Klasse werden verlangt:
1) Fertigkeit im Lesen des Deutschen in deutscher und lateinischer Druckschrift.
2) Übung im orthographischen Niederschreiben diktierter deutscher Sätze, sowie in der lateinischen Schrift.
3) Kenntniss der vier Rechnungsarten in unbenannten Zahlen im Zahlenraume bis 100.

§ 26.

Jeder, der nicht von einer andern badischen Gelehrtenschule kommt (in welchem Falle er in die Klasse eintritt, für welche er dort promoviert, beziehungsweise, in welche er dort aufgenommen war) hat eine besondere Aufnahmsprüfung zu bestehen. Diese erstreckt sich bei den in die untersten Klassen Eintretenden auf die in § 24 genannten, bei den übrigen Klassen auf die sämtlichen für die Klasse, für welche um Aufnahme nachgesucht wird, erforderlichen Kenntnisse und wird auf Anordnung des Direktors von dem betreffenden Fachlehrer vorgenommen. Das Nichtbestehen der Prüfung für eine höhere Klasse giebt an sich keinen Anspruch für die nächst untere.

Konstanz, 18. Juli 1891.

Direktor Forster.

Die Pfahlbauten des Bodensees

von

Prof. Wilhelm Schnarrenberger.

Beilage zu dem Jahresberichte des Grossh. Bad. Gymnasiums zu Konstanz.

1891.
Progr. Nr. 600.
Gymn. Konstanz.

Konstanz.
Druck von Friedr. Stadler.
1891.

Den ungewöhnlich niedrigen Wasserstand des Zürich-Sees vom Winter 1853 auf 54 benutzten vielfach die Anwohner, um durch Errichten von Mauern und Anfüllung mit Letten sich ein Stück Land zur Anlage von Gärten u. s. w. zu sichern. Bei einer solchen Gelegenheit stiessen die Arbeiter in der Bucht zwischen Ober-Meilen und Dollikon auf zahlreiche Pfähle, zwischen denen sich Artefakte aus Stein, Knochen und Horn in Menge vorfanden. Lehrer Aeppli berichtete darüber an die Züricher Antiquarische Gesellschaft, deren Conservator Dr. Ferdinand Keller sich sogleich nach Ober-Meilen begab und daselbst die hochwichtige Entdeckung der ersten Pfahlbaute machte. Die Veröffentlichungen, besonders wichtig sind die Pfahlbautenberichte in den Mitteilungen der antiquarischen Gesellschaft in Zürich, regten zu weiteren Nachforschungen an; vielfach erinnerte man sich, an andern Seen ähnliche Funde gemacht zu haben, und in rascher Folge wurden in vielen Seen Mitteleuropas ähnliche Ansiedlungen entdeckt und durchforscht.

Noch in demselben Winter wurden zahlreiche Stationen am Bieler- sodann am Neuenburger- und Genfer-See konstatiert; bald folgte Wangen am Bodensee und der Reihe nach die meisten kleineren Seen der Schweiz, die Seen von Oberösterreich und Bayern, endlich Mecklenburg. Ähnliche glückliche Erfolge hatten die in den Jahren 1860 und 61 in den Seen Oberitaliens angestellten Nachforschungen. Die Anlage der Ansiedlungen am Lago Maggiore sowie die Gleichartigkeit der Fundgegenstände liessen auf die Stammesgleichheit der Völker diesseits und jenseits der Alpen schliessen.

Die Höhlenfunde, die Durchforschung der Kjökkenmödding und der Grabhügel in Nordeuropa hatten in ihren Ergebnissen schon Anlass gegeben, dass dänische Forscher die prähistorische Zeit in die Stein-, Bronze- und Eisenperiode einteilten, die Steinzeit selbst wieder in die paläolithische Periode, in der die Steinwerkzeuge nicht geschliffen, sondern nur geschlagen wurden, und in die neolithische, die Periode der geschliffenen Steinartefakte. Obwohl diese Einteilung bald Zweifel und Widerspruch erfuhr, so hat man doch bis jetzt daran festgehalten, nur musste man als Übergang von der Stein- zur Bronzezeit eine Kupferperiode von allerdings nur kurzer Dauer annehmen. Die Funde liessen ferner auf eine Völkerbewegung von Nordosten nach Westen schliessen. Die Heimat der Werkzeuge aus reinem Kupfer scheint Ungarn oder Sicilien und Cypern zu sein, die Bronze wurde wohl zuerst auch aus Osten und dann von Süden her durch die Phönizier nach Mitteleuropa gebracht.

Eine genauere chronologische Fixierung der einzelnen Perioden bei uns ist unmöglich; den sichersten Anhalt dazu bieten die Funde in Oberitalien, insbesondere die von Bologna. Danach setzt man die Steinzeit bei uns vor das Jahr 2000 v. Chr.

die Periode der Terremare im untern Pothal, die meist in die eigentliche Bronzezeit fällt und der die Pfahlbauten der Bronzezeit in der Schweiz entsprechen, zwischen 2000 und 1000, die Periode von Villanova, einem Landgut bei Bologna, die den Charakter der älteren Funde von Hallstatt im Salzkammergut zeigt (erste Eisenzeit), von 1000—500, und die Periode von Certosa, einem antiken Friedhof bei Bologna, der jüngern Hallstattperiode entsprechend, innerhalb des 6. Jahrhunderts v. Ch., endlich die Periode von La Tène, einer Untiefe am nördlichen Ende des Neuenburger-Sees, von 400 v. Ch. bis etwa Christi Geburt; dabei unterscheidet man Früh-, Mittel-, Spät-La Tène.

Alle diese Perioden mit Ausnahme der paläolithischen sind in den Pfahlbaustationen des Bodensees vertreten; weitaus die meisten allerdings gehören nur der Steinzeit an, einzelne bestanden noch während des Übergangs zur Bronzezeit; bis in die La Tène- und Römerzeit scheint allein Unteruhldingen bewohnt worden zu sein. Die Fundstücke aus den Bodenseestationen befinden sich zum grössten Teil im Rosgartenmuseum in Konstanz, der verdienstvollen Schöpfung des Herrn Stadtrat Leiner in Konstanz, dem ich für die Bereitwilligkeit und Gefälligkeit, mit der er mir die Sammlung zugänglich machte, auch hier meinen herzlichen Dank ausspreche. Wichtig sind ferner die Sammlungen in Stuttgart, Karlsruhe, Friedrichshafen, Überlingen, Frauenfeld, Zürich, Donaueschingen sowie Privatsammlungen in Bodman, Ermatingen, Steckborn. Leider liegen öfters Fundberichte gar nicht vor, vielfach gehen sie, wo sie vorhanden sind, nicht ins Einzelne; manchmal sind in den Sammlungen die Fundstücke nicht streng nach den Fundorten geschieden oder nicht zusammengestellt, so dass jedenfalls manches übersehen worden ist.

Ausser Herrn Leiner bin ich für bereitwillige Auskunft und Unterstützung zu Dank verpflichtet den Herren Domänenrat Ley in Bodman, Dr. Nägeli und Notar Mayer in Ermatingen, Kaufmann Breunlin in Friedrichshafen und insbesondere Dr. K. Schumacher in Karlsruhe.

Diese Arbeit soll im wesentlichen eine Zusammenfassung dessen sein, was bis jetzt in verschiedenen Zeitschriften im Lauf der letzten Jahrzehnte über die Pfahlbauten des Bodensees veröffentlicht wurde, ausserdem soll sie das Material, soweit es mir zugänglich war, vorlegen. Die Behandlung der einzelnen Stationen geschieht in geographischer Reihenfolge vom Südufer des Überlinger Sees ausgehend, dem sich Ober- und Untersee anschliessen.

Überlinger See.

Staad am Überlinger See.
Pfahlbaubericht IX S. 56.

Einige Minuten oberhalb des Dorfes Staad am sog. Hoheneck fand man Steinbeile, Horn- und Knochengeräte, Thonscherben und in neuester Zeit sehr erhebliche Bronzen, von denen das Rosgartenmuseum 55 Stück besitzt. Davon sind hervorzuheben: Ein kleines Zierbeilchen aus (kupferreicher) Bronze mit eigenartigen Schaftlappen, 6 cm lang (vergl. No. 37), eine hufeisenförmige Armspange von dünnem Bronzeblech, innen offen, mit einem Durchmesser von 8 cm (am Bodensee ein Unicum); ähnliche Armspangen sind in den Pfahlbauten der Westschweiz zahlreich gefunden worden; sie entspricht Nr. 38 bei Tröltsch „Fund-Statistik der vorrömischen Metallzeit im Rheingebiete" und gehört in die Bronzeperiode, Typus der Westschweiz (vergl. Nr. 51).

Ein Armring von fast quadratischem Querschnitt, dessen abgerundete Enden übereinander liegen, zwei einfache Ringe, durch ein Bronzebändchen verbunden, etwa 25 kleine Ringe, der Rand ist bei manchen gekerbt, eine Bronzelanze des gewöhnlichen Typus, 12 cm lang, die Tülle ist durchbohrt zum Befestigen am Schaft und setzt sich bis zur Spitze fort (vergl. Nr. 38); 14 Angeln, deren Ende zum Befestigen an der Schnur bei den meisten umgebogen, bei einigen mit Kerben versehen ist; ein einschneidiges Rasiermesser, oben halbkreisförmig ausgeschnitten (vergl. Nr. 43), Tröltsch 85 b (Bronze-Hallstatt). Dieses Instrument tritt wiederholt um Bodensee und sehr häufig an den Seen der Westschweiz auf. An Bronzenadeln wurden aufgefunden 2 Rollennadeln, die in der Rolle einen Ring tragen (vergl. Fig. 31) und eine Nadel ähnlich der von Uhldingen. Pfahlbaubericht VI Taf. IX 8.

Ein einfacher Anhänger gleicht sehr solchen von Wollishofen und der Westschweiz (vergl. Gross Protohelvètes XXIII 51, 54); ein Doppelknopf, die Knöpfe sind durch ein 4 cm langes Bronzestäbchen verbunden, vergl. B. IX Taf. VII 18 von Wollishofen; eine Spirale aus Bronzedraht, wie sie öfters röhrenförmig die Nadeln umschliessen, ein Stück einer Bronzeröhre und ein schnallenartiges Bronzestück.

Alle diese Fundstücke gehören der vollentwickelten Bronzezeit an, wie sie besonders in der Westschweiz sich ausgebildet hat und der Hallstattperiode eine Zeit lang parallel geht. Die aufgefundenen Steinartefakte sind Beweis, dass hier schon früher eine Ansiedlung bestanden hat.

Mainau.

Bericht IX S. 2, 56, 57.

In der Nähe der Insel Mainau hat man zwei Pfahlbauten entdeckt; der eine befindet sich südlich der Insel unweit des Dörfchens Egg, der andere nördlich der Brücke, die die Insel mit dem Festland verbindet. Von den Fundstücken dieser Stationen befinden sich in Konstanz und Zürich etwa 90 Steininstrumente, weitaus die meisten sind Steinkeile gewöhnlichen Materials und gewöhnlicher Form, 7 Keile sind aus Serpentin, ein Serpentin ist zu einem grossen Axthammer zugehauen, aber noch undurchbohrt, während in Zürich ein 8 cm langer, sehr schön polierter und durchbohrter Beilhammer sich befindet.

Diesen spärlichen Funden nach zu schliessen wurden die Stationen schon vor dem Ende der Steinzeit aufgegeben.

Litzelstetten.

Bericht IX S. 2, 56, 57.

Eine halbe Stunde unterhalb der Mainau in einer flachen Bucht an der Mündung des Rinzelbaches liegt eine Station und eine zweite etwas weiter unterhalb zwischen Litzelstetten und Dingelsdorf beim sog. Henkersholz, die Fundstücke sind nicht nach den beiden Stationen geschieden.

Im Rosgarten liegen wohl 500 Werkzeuge aus Stein; nur wenige Beilchen aus Nefrit und Jadeit wurden hier gefunden, sehr zahlreich sind die Meissel und Keile aus gewöhnlichem Stein in den verschiedensten Grössen, manche zeigen ganz rauhe Oberfläche und sind nur wenig zugeschliffen, sorgfältig geglättete oder polierte Keile aus gewöhnlichem Stein sind selten; dazu kommen 21 Keile aus Serpentin, von demselben Material ist ein fein geformter, oval durchbohrter Axthammer und 3 Bruchstücke ähnlicher Hämmer; auch von gewöhnlichem Stein giebt es zahlreiche Reste solcher Hämmer, poliert und versehen mit hervorspringenden Streifen oder eingetieften Rillen und Furchen (vergl. Fig. 2). Neben zugehauenen, aber noch nicht angebohrten Steinen befinden sich 2 scheinbar ganz unbearbeitete Steine, deren Durchbohrung begonnen ist. Bemerkenswert ist der noch stehende Bohrzapfen eines zerbrochenen Keiles, aus dem ein Hammer gemacht werden sollte; weiter ist zu erwähnen ein schwerer Steinschlegel mit bequemer Handhabe, etwa 40 sog. Kornreiber, von denen einige oval geformt und abgeflacht sind, sowie einige durchbohrte Schmucksteinchen.

Feuersteinsplitter sind zahlreich, die schwärzliche und grauschwarze Farbe herrscht vor, daneben einige hellgrüne und honiggelbe Stücke. Einige Stücke mögen als Messer und Säge, einige schmale als Pfeilspitzen gedient haben, nur 3 gut geformte Pfeilspitzen liegen vor; in Schaffhausen befinden sich 22 gewöhnliche Steinkeile, 2 Bruchstücke von durchbohrten Hämmern und einige dunkle Feuersteine.

Ausgezeichnet sind diese Stationen durch die zahlreichen keramischen Erzeugnisse.

Als Ornament erscheinen Buckeln um den Hals der grossen Krüge oder gegenüber dem Henkel (B. IX Taf. XIX 11 und 12), ein Halsstück ist verziert durch 3 Doppelreihen eingedrückter kleiner Kreisflächen, ein anderes Randstück zeigt 2 Reihen eingedrückter, gleichseitiger Dreiecke (vergl. Fig. 23), ein grauer, 20 cm hoher Topf hat 2 Reihen Einkerbungen am Beginn des Halses und 4 weitere Reihen, die vom Boden an bis gegen die Mitte reichen; endlich ist zu erwähnen der obere Teil einer sehr grossen Urne mit 3 Doppelreihen tiefer Einkerbungen (vergl. Fig. 21). Die übrigen zahlreichen Scherben zeigen keine Verzierungen. Zu erwähnen ist der schwarze, dickwandige geschweifte Becher (vergl. Fig. 15), wie sie besonders zahlreich in Bodman gefunden wurden, 8—10 kleine, roh geformte, 4 - 6 cm hohe Töpfchen geringen Durchmessers, vielleicht Salbentöpfchen, 2 Henkelkrüge von der für Bodman typischen Form (vergl. Fig. 14), 2 granschwarze Schalen ohne Henkel, eine kleine Schale mit spitzem Boden. Reste von auffallend grossen Urnen und von kleinen Krügen, darunter auch solche von feinerem Thon, eine Anzahl grosser durchbohrter Thonkugeln und Thonkegeln, die als Webergewichte gedient haben, einige flache Spinnwirtel, von denen einer mit 3 Reihen eingedrückter Punkte verziert ist.

An Knochenfunde sind 15 Hornfassungen für Steinbeile zu nennen, die in den Holzschaft eingelassen wurden, ca. 50 Fassungen für Steinmeissel, einige Knochenmeissel und Ahlen, Dolche aus Zacken vom Hirschgeweih, Schneidewerkzeuge aus Eberzähnen, unter den zahlreichen Zähnen befinden sich 2 solche vom Bär, vom Rind und der Ziege; Knochen vom Schaf und Hund und zahlreiche Geweihe.

Dazu kommen einzelne Holzreste, Lehm von der Wandverkleidung der Hütten, verkohltes Brot und Getreide; das Metall ist nur durch den Rest eines Schneidewerkzeuges aus Bronze vertreten.

Nach der Grösse, Form, Material und Verzierung der Töpfe gehören diese Stationen, die lange Zeit bewohnt wurden, vollständig der Steinzeit an; dass sie bis gegen das Ende derselben bestanden, beweisen die zahlreichen durchbohrten Axthämmer, der geschweifte Becher, einzelne Verzierungen an den Scherben, die Fassungen für die Steinbeile, die z. B. in Wangen sich nicht vorfinden.

Dingelsdorf.

Bericht V S. 22.

Die Pfahlbaute von Dingelsdorf liegt unmittelbar vor dem Dorfe, die Fundstücke sind recht spärlich; sie verteilen sich auf das Rosgartenmuseum und das Museum in Friedrichshafen. Zu nennen sind 2 prächtige Nefritmesser in ihren Hirschhornfassungen, 4 Nefritbeilchen, 2 durchbohrte Serpentinhämmer, 4 Keile aus Serpentin, ein zugehauener, noch unvollendeter Hammer, 30 gewöhnliche, meist roh gearbeitete Steinkeile, einige wenige Feuersteine und 2 Thonwirtel.

Die Station gehört ganz der Steinzeit an, die Nefritfunde zeigen an, dass sie bis gegen das Ende derselben bestand.

Wallhausen.

Bericht V S. 22, Bericht IX S. 2 ff. Hefte des Vereins für Geschichte des Bodensees XI.

Die Station von Wallhausen, bekannt durch ihre unerschöpfliche Menge von Feuersteinfunden, liegt in einer weiten flachen Bucht an der Stelle, wo das Ufer beginnt, steil in den See abzufallen, sodass von hier bis kurz vor Bodman nirgends Raum für eine Ansiedlung ist. Die aufgefundenen Gegenstände sind fast ausschliesslich aus Stein und Feuerstein. Im Rosgarten liegen über 500 gewöhnliche Steinkeile und Meissel in allen Stadien der Vollendung, vom roh zugehauenen bis zum feinpolierten Beile. Serpentin ist nicht selten; einige Fragmente von durchbohrten Beilhämmern sind von äusserst gefälliger Form, feiner Politur und verziert durch eingegrabene Furchen oder erhabene Streifen; ein Bruchstück ist in einer für den Bodensee ungewöhnlichen Weise zugeschweift und gleicht dem B. VIII Taf. III 25 abgebildeten Beil aus der Limmat (vgl. Fig. 3). Ich zählte 11 Beilchen aus Nefrit, einen Jadeit, einen Chloromelanit, ein Beilchen aus Thonschiefer, einige Kornreiber. Von den rätselhaften sog. Schleudersteinen, die fast in der ganzen Schweiz und in den Pfahlbauten in Oberitalien gefunden werden, sind 2 kleinere und 6 grössere mit umlaufender Furche und starken Eindämpfungen versehen (vgl. Fig. 4).

In der Station Wallhausen befindet sich die sog. Feuersteininsel, von den Landleuten für ihren Bedarf längst ausgebeutet und noch nicht erschöpft; die Färbung des Feuersteines zeigte alle Nüancen von schwarz bis hellgelb und weisslich. Die zahlreichen Pfeilspitzen haben meist die Form des gleichseitigen oder gleichschenklichen Dreiecks, die Basis ist öfters konkav zugehauen, 2 Pfeilspitzen haben Widerhaken, einige einen Dornfortsatz zum Befestigen (vgl. Fig. 7, 8, 9); sie wurden in ein gespaltenes Stäbchen eingelassen und mit Bast und Erdpech befestigt. Sorgfältig gearbeitet sind die Lanzenspitzen, von denen die grösseren Exemplare auch als Dolche gedient haben können; sie sind meist schwärzlich, zum Befestigen unten zugespitzt oder beiderseits mit Kerben versehen, von 3 — 12 cm Länge (vgl. Fig. 5, 6). Die Sägeblätter sind sorgfältig geschlagen, mit Zähnen versehen; zwei stecken noch in ihrer Fassung von Eibenholz, in der sie mittels Erdpech befestigt sind. Die zahlreichen Feuersteinmesser sind in der Regel auf einer Seite flach, auf der andern haben sie einen Längsgrat. Als ganz vereinzelt für den Bodensee muss ein 7 cm langes, 4 cm breites, in nordischer Weise geschliffenes Feuersteinbeilchen hervorgehoben werden; sonst finden sich hier nur geschlagene Feuersteingeräte. Die übrigen Funde sind unbedeutend; eine Anzahl Jaspissplitter, 2 zu Stechwerkzeugen verarbeitete Knochen, wenige ganz gewöhnliche Thonscherben, ein Spinnwirtel aus Thon.

Auf dieser Station, die nach den Funden die Steinzeit nicht überdauert hat, bildete die Verarbeitung des Feuersteins wohl die Hauptthätigkeit der Bewohner, ähnlich wie in Bodman die Fabrikation solcher Instrumente schwunghaft betrieben wurde; über die Ausdehnung der Ansiedlung fehlen nähere Untersuchungen.

Bodman.

Bericht V S. 22, Bericht VI 275, 289 f. Bericht IX S. 5. Hefte des Vereins f. Gesch. d. Bodensees XI, XVI. Hassler, Pfahlbaufunde im Überlinger See S. 18.

Der durch seine zahllosen Fundstücke bekannte Pfahlbau Bodman wurde im Dezember 1864 entdeckt und von Ullersberger, Dr. Lachmann und Domänenrat Ley in Bodman ausgebeutet. Man hat bei Bodman 2 Stationen zu unterscheiden; die Pfähle der ersten erstrecken sich etwa 400 Schritte lang vom Landungsplatz an nach Nord-Westen.

Diese Ansiedlung ans der Steinzeit scheint abgebrannt und später wieder aufgebaut worden zu sein, denn auf dem Seeboden liegt zunächst eine Kulturschicht von 15—30 cm, darauf eine Brandschicht von 6 cm, dann etwa 6 cm Letten, hierauf eine Kulturschicht von 6—15 cm, die mit Geröll bedeckt ist.

Die zweite Station liegt 500 m weiter nach Norden am Ende des Überlinger Sees; sie umfasst 3,5 Hektar. Die Pfähle reichen bis ans Land, der Boden scheint mit Balken förmlich belegt, die durch Querbalken zusammengehalten werden, die Balken sind mit scharfen Schneideinstrumenten behauen. Steinartefakte hat man hier nach Ley nicht gefunden, wohl aber Produkte der Töpferei und Metallgegenstände. Leider sind nur in der Sammlung von Bodman die Funde nach den 2 Stationen geschieden; es ist somit sogar unmöglich zu entscheiden, ob alle Metallgegenstände aus der zweiten Station stammen.

Die zahlreichen Steingeräte wurden alle der ersten Station enthoben, und zwar lagen in der untern Schicht die Steinbeile von weniger sorgfältiger Bearbeitung, in der obern die schöngearbeiteten, fein polierten und durchbohrten Beile und die Meissel in Fassungen. Viele Hunderte solcher Werkzeuge bewahren die Museen, viele gewöhnliche Stücke wurden wieder in den See zurückgeworfen. Auf einem kleinen Raum fand man 80 sog. Reibsteine, Mahl- und Schleifsteine. Der Nefrit ist durch sehr schöne Stücke vertreten; ein grosser Nefrit ist fein geglättet und gestaltet wie die Keulenköpfe, nur nicht durchbohrt, sondern auf einer Seite mit einer Eindömpfung versehen. Man hat ähnliche Steine schon als Widerlager für die Bohrstange erklärt. Im Rosgarten sind 7 grosse Nefritmeissel, einzelne in Horn gefasste Nefrite und Jadeite finden sich auch in Bodman, Überlingen, Karlsruhe, Stuttgart, Friedrichshafen. Sehr zahlreich sind die Werkzeuge aus Serpentin. Von Bodman stammen die am elegantesten geformten und polierten durchbohrten Hämmer und Axthämmer; 2 mit ovaler Bohrung, Bruchstücke mit eingeschnittenen Furchen oder erhabenen Streifen sind im Rosgarten. Vergl. Fig. 2. Vergl. B. V Taf. IX 4 und 11.

Nach Hunderten zählen Keile und Meissel gewöhnlichen Materials, die mitunter fast gar nicht oder nur wenig bearbeitet, sehr selten durchbohrt sind. Zahlreiche Meissel stecken noch in ihren Hornfassungen. Die Befestigung der kleineren Beile in ihrem Holzschaft geschah selten mittels einer Hirschhornfassung, deren nur wenige gefunden wurden, meist wurde der Stein direkt in die Holzkeule eingelassen und mit Erdpech befestigt, oder er wurde in einen vom Schaft senkrecht abstehenden gespaltenen Seitenast geklemmt und mit Schnüren festgebunden. Die 4 Beile, die noch mit ihrem Schaft gefunden wurden, sind alle ohne Hornfassung eingefügt. Auch Beile von Chloromelanit, Eklogit, Quarz, Thonschiefer wurden gehoben, endlich viele durchbohrte Steinchen, die als Schmuckstücke getragen wurden.

Nicht weniger stark ist der Feuerstein, meist von schwärzlicher Farbe, vertreten, der hier wie in Wallhausen im grossen verarbeitet wurde. Er stammt wohl zumeist vom Randen, nicht, wie oft angenommen wurde, aus Frankreich. Auf einem Raum von 30 Schritten Länge und 10 Schritten Breite hat man eine staunenswerte Menge Feuerstein gefunden, obwohl die Stelle von den Landleuten für ihren Bedarf längst ausgebeutet wurde. Dolche, Lanzen- und Pfeilspitzen, Sägen, Messer und Schaber besonders wurden von Feuerstein hergestellt. Hervorzuheben ist die in B. VI

2

Taf. VII 39 abgebildete Säge von gekrümmter, an die nordischen Werkzenge erinnernder Form; andere Funde sind B. V Tafel VIII 2 und B. VI Taf. VIII 31 abgebildet. Die zahlreichen Pfeilspitzen haben meist die Gestalt des gleichschenkligen Dreiecks, bei einigen ist die Grundlinie konkav eingehauen, einige haben auf der einen Seite einen Mittelgrat, wenige einen Dornfortsatz. Sägen in Horn- und Eibenholzfassung, Messer in Hornfassung sind nicht selten. Besonders schöne Arbeit zeigen Lanzenspitzen und Dolche, von denen einer beiderseits 2 Kerben zum Befestigen am Griff hat (vergl. Fig. 5). Abfälle und faustgrosse unbearbeitete Stücke beweisen die lokale Fabrikation. In einem Spitztopfe befand sich eine Perlenschnur, bestehend aus ca. 600 Stückchen des Gehäuses des Röhrenwurms, Serpula (vergl. B. VI Taf. XVI 7), die, wie eine kleine blaue Glasperle, auf dem Handelsweg hierher kamen.

Knochenstücke, zu Werkzeugen und Schmuck verarbeitet, ganze Geweihe vom Edelhirsch, meist abgeworfene, selten ist noch ein Teil der Hirnschale daran, hat man in grosser Menge gehoben; einzelne Artefakte sind Bodman eigentümlich. Ich rechne hierher die sog. Hängeschliessen (Fig. 10), man hat ihrer 7 gefunden; ferner die sog. Riemenharpunen (auch in Markelfingen durch 2 Exemplare vertreten), deren 10 gefunden wurden (vergl. Fig. 11). Sie sind 11—19 cm lang, ausgehöhlt und zu 2 und 4 Zacken ausgeschnitten. Von den 4 Zacken ist ein gegenüberstehendes Paar stärker und trägt gewöhnlich 2 Widerhaken, 5 Exemplare haben nur 2 Zacken, die beide Widerhaken tragen. 6 Hornharpunen haben die gewöhnliche Form mit mehreren Widerhaken untereinander.

Bodman eigentümlich sind ferner die Häkelnadeln (B. IX Taf. XIX 8), 2 sog. Trinkgefässe aus Hirschgeweih, fein ausgehöhlt und aussen ganz mit Netzverzierung bedeckt, nur etwas zu klein für einen Trinkbecher; ein kammartiger Gegenstand, 13 cm lang, 5 breit, oben zum Aufhängen durchbohrt; unten sind Zähne ausgeschnitten, die aber für einen Kamm zu kurz und zu breit, für eine Säge zu stumpf sind. Als weitere Knochenwerkzeuge sind zu nennen einige Angeln, zahlreiche Meissel, Ahlen, Schaber, darunter ein prächtig polierter vom Elch, Messer aus Eberzahn und Horn, viele rund, oval und viereckig durchbohrte grosse Hirschhornstücke, die als Hämmer und Ackergeräte dienten, zahlreiche Fassungen für Steinmeissel, eine Anzahl durchbohrter, gekerbter, reich verzierter Knochenstückchen, die als Schmuck getragen wurden (vergl. B. VI Taf. III 26) und 1 durchbohrter Bärenzahn.

Die Knochenwerkzeuge von Bodman, im Rosgarten allein ca. 300, gehören nach Eleganz der Form und der Ausführung, besonders der Politur, zu den schönsten des Bodensees.

Keine Station endlich hat so zahlreiche und so gut erhaltene Holzwerkzeuge geliefert; ein Unicum am Bodensee ist der Pfeilbogen in Bodman, 1,5 m lang. In Konstanz befinden sich eine meterlange Keule, ein Eschenholzscheit, das als Pflugschar gedient haben kann (B. IX Taf. XX 2). Schöpflöffel, Schüsseln, Keulen hammerähnliche Geräte aus Lindenholz, ein Stecher in Hirschhorn gefasst.

Die Produkte der Flachsindustrie sind unbedeutend, ein Faden, der um seine Spindel gewickelt ist, etwas Fadengeflechte, einige Geflechte.

Dagegen nimmt Bodman in der Zahl der Töpfereierzeugnisse die erste Stelle unter den Pfahlbauten des Bodensees ein; an 100 ganz oder grösstenteils erhaltene

Fässer, Krüge, Töpfe, Schalen. Becher nebst zahllosen Scherben sind in den Museen aufgestellt. Am zahlreichsten vertreten ist der sog. geschweifte Becher mit spitz zulaufendem oder abgerundetem Boden, und der Henkelkrug; beide Arten sind höchst selten verziert.

Der geschweifte Becher (Fig. 15), wie er in Bodman und den benachbarten Stationen häufig gefunden wird, ist ein Produkt der ausgehenden Steinzeit, unterscheidet sich wesentlich vom ostpreussischen, stimmt aber fast genau mit dem auf dem Michelsberg bei Untergrombach (bei Bruchsal) gefundenen überein. Er hat keinen Standboden, geht vielmehr meist spitz zu, vom Boden aufwärts erweitert er sich etwas, zieht sich bald wieder ein wenig znsammen, um sich dann zu weitem Rand auszuschweifen; der Rand ist verhältnismässig viel weiter als beim ostprenssischen, ausserdem fehlen ihm der ziemlich breite Standboden und die Ornamente der letzteren, nur bei einem bemerkte ich ein eingegrabenes Kreuz, bei einem andern 6 unregelmässige Striche. Die Höhe wechselt zwischen 20 und 30 cm; bei einigen sind die Formen schön abgerundet, bei andern ist die erste Erweiterung mehr kantig, die Farbe ist grauschwarz und schwarz, die Wandung oft sehr dick. Derartige Becher und Reste von solchen sind wohl 20 vorhanden.

Noch häufiger wurde der Henkelkrug (Fig. 14) gefunden. Auf mittelgrossem Standboden erweitert sich vor halber Höhe der Topf zu seinem grössten Umfang, zieht sich dann allmählich zum Hals ein, um sich zum Rand in der Regel nur wenig auszubiegen; der Henkel setzt am oder nnmittelbar über dem grössten Umfang an und reicht mit wenigen Ansnahmen bis zum Rand, den er manchmal noch etwas überragt. Ein ähnlicher Krug von Robenhausen ist B. III Taf. VI 17 abgebildet.

Den Typus dieses Kruges zeigen anch einige ganz kleine „Salbentöpfchen"; eines dieser sowie ein grosser Krug haben dem Henkel gegenüber als Verzierung 2 Zäpfchen (vergl. Fig. 13), andere haben dem Henkel gegenüber nndnrchbohrte Warzen, der mit Erdpech geflickte Krng im Rosgarten hat ihrer drei, ein anderer einen ganzen Kranz solcher Buckeln um den Hals. Nur ein derartiger Krng hat Netzverzierung, ähnlich denen von Schussenried und Michelsberg; ein sehr weitbauchiger Henkelkrug hat 4 Reihen Punkte. Etwas anders gestaltet, viel weitbauchiger, mit kürzerem Hals, sind die 2 Krüge, welche ganz mit Netzverzierung überdeckt sind (B. IX Taf. XIX 14). Da ähnliche Verzierungen in Schussenried vorkommen, auch die regelmässige geometrische Anordnung ihnen abgeht, sind sie in die Steinzeit zu setzen.

Oft vertritt die Stelle des Henkels die horizontal durchbohrte Warze. Ein kleines Töpfchen hat 2 durchbohrte Warzen dicht nnter einander, ein dünnwandiger Krug zwei gegenüberstehende, ein schön gestalteter bauchiger Topf hat 4, je 2 dicht beisammen und schief durchbohrt. Der grösste aufgefundene Topf ist 54 cm hoch, der Halsumfang beträgt 95, der Bauchnmfang 135 cm, den obern Rand ziert eine Punktreihe, darunter befinden sich 4 durchbohrte Warzen.

Die Schalen haben nur kleinen, manchmal gar keinen Standboden, selten Henkel oder Warzen, als Verzierung hat eine oben eine Reihe von Strichen. Nicht zu übergehen ist eine Schale mit ganz spitzem Boden, welche ringsnm einen durch Abreiben entstandenen Streifen zeigt, der durch einen sog. Kochring hervorgebracht sein kann;

am Bodensee wäre dies die einzige Spur von solchen in der Westschweiz nicht seltenen Kochringen. Ein graues Schälchen hat einen Henkel für eine Schnur, eine roh gearbeitete Schale 2 Warzen; dazu kommen eine Anzahl niederer Schalen und ein grösserer, nach oben sich etwas erweiternder Becher.

Einige grosse Gefässe von cylindrischer Form können mit den entsprechenden vom Michelsberg verglichen werden, nur haben die von Bodman alle einen breiten Standboden, während letztere mehr oder weniger spitz zugehen.

Ein Randstück fällt dadurch auf, dass der schief aufsteigende Rand scharf in spitzem Winkel von der Bauchwand sich abhebt; ein Unicum ist ein Thonlöffel, dessen Stiel abgebrochen ist, die Höhlung ist 7 cm lang. Die dünne und sehr breite Handhabe eines Gefässes ist von oben nach unten mit 2 Löchern durchbohrt.

Auf den bisher besprochenen Gefässen befanden sich mit wenigen Ausnahmen keine eigentlichen Ornamente, dagegen sind Scherben mit solchen nicht gar selten; zu den ursprünglichsten gehören Verziernugen, hervorgebracht durch Fingereindrücke am Rand und auf aufgelegten Wülsten (vergl. Fig. 19); ebenso gehören in die Steinzeit die scharfen und tiefen Einritzungen (vergl. Fig. 20), eine weitere Entwicklung bedeutet die Reihe von Dreiecken, welche mit parallelen Strichen oder mit Punkten ausgefüllt sind. Die Randstücke einiger grossen Töpfe haben 2 Reihen eingedrückter Löcher oder Striche, andere haben Vertiefungen, hervorgebracht durch ein Instrument, das mitten in der Eintiefung eine kleine pfeilspitzenartige Erhöhung liess; ähnliche Eindrücke sind auf einem oder zwei aufgelegten niedrigen Wülsten angebracht, eine Scherbe hat 2 Reihen dachsparrenartig gestellter Striche.

Der Rosgarten besitzt die Hälfte eines sog. Mondbildes aus grauem Thon, rund, nicht flach auf der Rückseite, die Spitze des Hornes ist durchbohrt, ca. 100 Thonwirtel, platt, nur wenige durch Punkte verziert, gebrannte und durchbohrte Webergewichte und 6 gebrannte Thonröhren, sog. Netzsenker.

Von Bodman-Schachen ist im Rosgarten der Rest eines grauen Topfes mit Henkel, der tiefer als gewöhnlich ansetzt und nicht ganz bis zum Rand reicht, verziert mit einer Reihe eingedrückter Kreisflächen und 7 Strichen um den Bauch bis in die Nähe des Henkels; durch diese horizontalen Striche gehen einige vertikale. Ein ganz ähnliches Stück, man könnte sagen das fehlende, besitzt Herr Ley von der Bronzestation Bodman. Stücke mit Fingereindrücken, eine Scherbe mit einer Schnur von Dreiecken, die mit Punkten ausgefüllt sind, eine Schale, innen mit unregelmässigen Strichen verziert, eine Scherbe mit horizontal durchbohrter Warze, Scherben mit Eindrücken auf Wulsten stammen daher; einige eiserne Hufeisen gehören einer späteren Zeit an.

Kupfer- und Bronzegegenstände fand man etwa 50, ob alle an der untern Station, kann ich nicht sagen; die Bronzegegenstände in der Bodmaner Sammlung stammen daher. Es sind dies ein ganz platter Kelt, 20 cm lang, mit elliptischer Schneide, ein Kelt mit leicht aufgehämmertem Rand und viel kleinerer Schneide (vergl. Fig. 35), ein Schaftlappenkelt, 13,5 cm lang, dessen Lappen so stehen, dass der Kelt zum Querbeil wird (vergl. Gross XIII 5), eine Rollennadel, deren obere Hälfte echte Torsion zeigt und die sich vor dem Einrollen stark verbreitert, ein grosses eisernes Messer und einige eiserne Pfeilspitzen.

Im Rosgarten befinden sich nur 2 gewöhnliche Ringe, eine Angel und ein stark verwittertes Messerchen, in Karlsruhe ein 9 cm langes Kupferbeil, ganz von der Form der Steinbeile, und ein Kelt, anscheinend von Kupfer, 18 cm lang mit kreisrunder Schneide und wenig aufgetriebenem Rand (vergl Gross XIII 7). Die meisten Metallfundstücke sind in Überlingen; etwa 20 Nadeln, 2 mit grossen hohlen Köpfen, von denen einer 4 mit Punkten umgebene Löcher hat vergl. Fig. 29a (Tröltsch 74), eine mit grossem, spitz zulaufendem Kopf, 2 mit kleiner runder Anschwellung, 3 Nadeln haben über der kugeligen Anschwellung einen breiten, kegelförmigen Hut mit umlaufenden Kreislinien; dazu kommen ein Bronzemesser mit Dorn, eine Tüllenlanzenspitze, 2 grössere geschlossene und 9 kleinere Ringe, einige Klammern, der Rest eines Spiralarmbandes, ein Schmuckstück mit Tierfigürchen, 3 eiserne Pfeilspitzen und noch einige Eisengegenstände.

Zu erwähnen ist noch ein grosses, zentnerschweres Steinbild, das nach Hasslers scherzhafter Vermutung den Affen Hanumann von Ceylon darstellt.

Die obere Station, dicht bei Bodman gelegen, hat während der Steinzeit und wohl bis ans Ende derselben bestanden, was die zahlreichen elegant gearbeiteten durchbohrten Hämmer, die Nefrite und Jadeite und besonders die Erzeugnisse der Töpferei beweisen. In der Station beim Schachen hat man Steinartefakte nicht gefunden; neben Kupfer und ganz frühen Bronzeformen (Flachkelt) liegen Gegenstände der entwickelten Bronzezeit und der Hallstattperiode, z. B. Lappenkelt, Nadeln mit grossem, hohlem Kopf, Rollnadel, Spiralarmband, Tierfigürchen. Die Eisengegenstände sowie die Glasstücke gehören wohl schon dem Mittelalter an.

Ludwigshafen.

Hefte d. Vereins f. Gesch. d. Bodensees XI 93 f. XVI.

Am westlichen Ende des Überlinger Sees reiht sich ein Pfahlbau an den andern. Von einer Station etwas süd-östlich von Ludwigshafen hat man das Pfahlwerk gefunden, aber sie ist nicht ausgebeutet; diese lieferte nach B. IX 57 auch Nefrite; eine andere Station, westlich von Ludwigshafen, lieferte Steinkeile, Thonscherben, mächtige Geweihe und viele Gegenstände aus Hirschhorn. Von all diesen zahlreichen Hornartefakten ist weder in Konstanz noch in andern Museen etwas zu finden; möglicherweise ist es zu den Funden von Bodman gekommen und nicht mehr zu scheiden, anderes mag in der Sammlung Ullersberger in Karlsruhe sein, der in Uhldingen, Sipplingen, Ludwigshafen und Bodman gegraben hat. In dieser Sammlung sind die Gegenstände nicht nach der Herkunft geschieden. Im Rosgarten sind mit „Ludwigshafen" bezeichnet ca. 80 Steinkeile, darunter 12 recht grosse, von gewöhnlichem Material ohne Durchbohrung. So weit es sich bis jetzt beurteilen lässt, haben diese Ansiedlungen nicht bis ans Ende der Steinzeit bestanden.

Sipplingen.

Bericht VI 285 f. Bericht IX 57. Verein f. Gesch. d. Bod. XVI Antiqua 1885 Nr. 9.
Hassler: Die Pfahlbaufunde des Überlinger Sees.

Die Station Sipplingen gehört zu den ausgedehntesten des Bodensees, auf einem Raum von 8 Hektaren stehen etwa 50 000 Pfähle; in der Anlage gleicht sie Unter-

uhldingen, denn die Pfähle sind durch aufgeschüttete Steinmassen befestigt. Der Pfahlbau
liegt einige Minuten oberhalb des Dorfes, entdeckt wurde er im Winter 1864 65, ausgebeutet von Ullersberger und Dr. Lachmann in Überlingen. Die Ausbeute war eine
sehr reiche. Steingeräte hob man ca. 600, darunter Keile jeder Art und Grösse, über
20 Hämmer mit Durchbohrungen, einige Bohrzapfen, zahlreiche Kornquetscher und sog.
Schlendersteine, darunter ein ovaler mit 2 umlaufenden sich kreuzenden Rillen, einige
Mahl- und Schleifsteine, viele Meissel, die noch in ihren Hornfassungen stecken.
Steinkeile von Sipplingen sind B. VI Taf. VII 2, 3, 4 abgebildet. 35 Nefrite besizt
Konstanz, 15 und eine Anzahl verwitterter Friedrichshafen. Feuersteingeräte sind
viele aufgefunden worden, ein schöner Dolch ist B. VI Taf. VII 33 abgebildet; eine
12 cm lange grauschwarze Feuersteinklinge ist in Friedrichshafen, ähnliche sind in
Konstanz, Karlsruhe, Stuttgart; 8 Sägen aus Feuerstein, eine Lanzenspitze aus
Serpentin, eine durchbohrte Perle. Schön geformte Pfeilspitzen aus Feuerstein habe
ich nicht gesehen.

Die Knochengeräte sind sehr zahlreich. Fassungen für Steinbeile sind B. VI
Taf. VI 16 in Taf. VII 22 abgebildet. Es werden 18 viereckig zugeschliffene Fassungen
für Steinbeile, 8 viereckig zugeschliffene, unten gabelförmig ausgeschnittene (ähnliche
wurden in Zürich und einigen Stationen der Westschweiz gefunden), 5 Knochennadeln,
ca. 60 Meisselfassungen, die zumteil noch die Steinmeissel haben, 1 Harpune, 3 durchbohrte Hirschhornhämmer, etwa 200 Stecher, Schaber und Meissel, einige zugespitzte
und durchbohrte Geweihzinken. Messer von Eberzahn, durchbohrte und undurchbohrte
Zähne, ein durchbohrter Bärenzahn, einige Knöchelchen zum Anhängen gezählt. Besonders erwähnt sind 2 Ohrgehänge aus Hirschhorn im Besitz des Herrn Bourguignon
in Neapel; sie erinnern an die Bronzegehänge bei Gross: Les Protohelvètes Taf. XXIII
22, 38, 39, 45, 47.

Etwa 40 ganz oder grösstenteils erhaltene Töpfe befinden sich in Konstanz,
Karlsruhe, Überlingen, Friedrichshafen und Bregenz; Abbildungen B. VI Taf. VIII 1,
8, 11, 16-22.

Die Form von Nr. 16 ist eine ungewöhnliche, 22 gehört nach Form und
Verzierung in die Bronzezeit, 11 hat die Form des für Bodman typischen Henkelkruges, aber vielfach durchlöcherten Boden.

An Ornamenten aus der beginnenden Bronzezeit kehrt öfters wieder das mit
parallelen Strichen ausgefüllte Dreieck, einmal zwischen 2 Reihen umlaufender Kreislinien, ferner das Ornament, das in 2 Reihen eingedrückter Dreiecke besteht; an die
Steinzeit erinnern die Töpfe mit Buckeln, Scherben, verziert durch Fingereindrücke;
ein Randstück aus dickem, grauem Thon zeigt eine Reihe tiefer runder Löcher und
darunter einen aufgelegten Wulst mit Fingereindrücken; die eingedrückten Löcher
scheinen bei manchen Scherben mit weisser Masse ausgefüllt gewesen zu sein.
25-30 bauchige Henkelkrüge wie die von Bodman (vergl. Fig. 14), einige haben dem
Henkel gegenüber 2 Warzen oder 2 Zäpfchen (vergl. Fig. 13), 3 geschweifte Becher
mit spitzem Boden (vergl. Fig. 15), 2 Schalen mit weiter Öffnung, ein graues, cylindrisches,
etwa 27 cm hohes Gefäss von geringem Durchmesser, eine Schale mit ganz kleinem
und eine ohne jeden Standboden; 6 Spinnwirtel aus Thon, einer ist mit Strichen
verziert, in einem steckt noch das Holzstäbchen; einige rotgebrannte Thonröhren.

die man als Netzsenker betrachtet. Die Thonwalze B. VI Taf. VIII 5 findet sich auch in der Westschweiz, z. B. Mörigen und in Oberitalien (Castione), vergl. B. V Taf. III 26. Ein Haifischzahn ist zu einer Pfeilspitze, ein Seeigel zu einem Wirtel verarbeitet.

Die Kupferperiode ist repräsentiert durch ein kleines Beilchen, abgebildet B. VI Taf. IX 35; es hat noch ganz die Form des Steinbeiles und ist von rohem, blasigem Guss; Gussform und Gusskuchen bezeugen die lokale Anfertigung. Aus der frühesten Bronzezeit stammt ein 10 cm langer, am Rand nur wenig aufgetriebener Kelt, ein kleines Bronzemesser, eine Angel, eine kleine Klammer, 3 stark verwitterte Nadeln, von denen eine in einer Spiralröhre steckt, und ein ebenfalls verwitterter Meissel. Einer viel späteren Zeit gehören an eine Anzahl von Glassplittern, nach Hassler römisch, ein eiserner römischer Schlüssel. 1 Lanze, 3 Pfeilspitzen, 1 einschneidiges Schwert aus Eisen.

Diese Gegenstände sind wohl zufällig in den See gekommen, als der Pfahlbau längst nicht mehr bestand; dieser wurde während der ganzen Steinzeit bis zum ersten Auftreten der Bronze bewohnt.

Süssenmühle bei Brünnensbach.

Zwischen Sipplingen und Überlingen vermutet man nach Bericht IX 2 und 57 einen Pfahlbau, dessen Lage dicht an der Seehalde die Ausbeutung erschwert; er wird in die Steinzeit verlegt, mit Recht nach den wenigen Fundstücken, die der Rosgarten besitzt; es sind dies zahlreiche, meist graue Scherben, Knochen. die aber nicht zu Werkzeugen verarbeitet sind, und etwa 20 Keile von gewöhnlichem Stein und roher Arbeit. Ausserdem finden wir noch unter der Etikette Brünnensbach keramische Produkte, die zum grossen Teil sicher römisch sind. So fallen sofort ca. 12 Henkel auf, die römischen Gefässen dieser Gegend eigentümlich sind. Der Henkel ist fast rechtwinklig gebrochen, manchmal ganz hohl und steht an der untern Ansatzstelle mit dem Innern des Gefässes in Verbindung, am Scheitel des Winkels mündet die Höhlung aus; das obere Ende des Henkels umfasst und vereinigt sich mit dem ziemlich engen Halse des Kruges. Reste von solchen Krügen sind viele vorhanden. Die grossen, oben weiten Töpfe haben den gewöhnlichen breiten Henkel. Als Ornament zeigen die grossen Töpfe 2 Streifen tief eingeschnittener, umlaufender Kreislinien und dazwischen eine Anzahl scharfer Wellenlinien. Ein roter Deckel ist mit Strichen und eingedrückten Dreiecken verziert und hat in der Mitte als Handhabe eine würfelförmige Erhöhung mit 2 dreieckigen Eintiefungen für die Finger. Endlich sind zu nennen 12 rotgebrannte oder graue Thonröhren, ein 11 cm hoher Krug, grösster Umfang 21 cm, die Vorderseite ist bauchig, die Rückseite ganz flach, das Innere glasiert; ein glasierter, rotgebrannter Krug von 9 cm Höhe und 23 cm Umfang; ein bauchiges glasiertes Krüglein, 8 cm hoch, 24 cm im Umfang; ein roter unglasierter Krug ohne Henkel, 13 cm hoch, der grösste Umfang beträgt 33 cm; 2 ovale, rotgebrannte Endstücke; der oberste Teil eines lang- und enghalsigen Kruges zeigt einige Einschnürungen.

Alle diese zuletzt angeführten Stücke scheinen aus römischer Zeit zu stammen und haben demnach mit dem Pfahlbau nichts zu schaffen.

Nussdorf.

Bericht VI S. 273 ff. IX S. 57. Antiqua 1855 Nr. 7 und 8 Hassler Pfahlbaufunde S. 6.

Bei Nussdorf wurde im Winter 1862/63 ein Pfahlbau entdeckt, der ein Viereck von etwa 1½ Hektar einnimmt und einige Tausend Pfähle in gleichmässiger Entfernung und gerader Linie zeigt. Die Pfähle haben einen Umfang von 15-60 cm; es sind gewöhnlich ganze Stämme, Tannen und Eichen aus den nahen Wäldern, viele Pfahlenden zeigen Brandspuren, die Kulturschicht misst etwa 22 cm.

Eine hervorragende Stelle unter den Fundstücken nimmt der Feuerstein ein; er ist meist schwarz, selten gelb. Pfeil- und Lanzenspitzen fand man ca. 100, erstere haben meistens Dreiecksform, die untere Seite ist konkav oder sie hat einen Dornfortsatz (vergl. B. VI Taf. VI a, b, c, d), eine Pfeilspitze ist aus Serpentin, eine aus Quarz. Sägen sind B. VI Taf. VI 10 und 20, Taf. VII 9 und 10 abgebildet. Pfriemen und Messer zählte man gegen 80 (vergl. B. VI Taf. VI 12 - 14). 8 Sägen besitzen noch ihre Handhabe aus Eibenholz von der Form eines Weberschiffchens, in das das Sägeblatt etwa bis zur Hälfte eingelassen und dann mit Erdpech befestigt ist; einige Handhaben sind mit Öhr versehen.

Keilförmige Steingeräte wurden etwa 1000 gefunden, dazu ca. 100 Nefritbeilchen und Meisselchen; das Material ist das gewöhnliche, eine ausführliche Beschreibung giebt Dr. Lachmann in Bericht VI S. 273 ff.; Abbildungen B. VI Taf. VI 1—9, 11, 15—19, 21—24 und Taf. VII 5 - 7. Keile mit Schaftloch wurden nur 50 aufgehoben, die Fläche dieser Beile ist spiegelglatt geschliffen, die Kanten sind scharf und regelmässig, einzelne mit eingegrabenen Linien verziert. Ein Beilchen ist von einer Varietät des Jadeit, in hellgrünem Grunde weisse Flecken und trübgrüne Stellen, die von eingewachsenen Krystallen herrühren. Dazu kommen 30 Kornquetscher, 12 rundliche und 18 längliche, einige Schleif- und Mahlsteine und einige durchbohrte Schmucksteinchen.

Artefakte aus Knochen, Geweihen und Zähnen zählte man gegen 700; es sind meist Extremitätenknochen, allseitig oder an einem Ende geschliffen: Beilchen, Meissel, Strick- und Haarnadeln, Stechwerkzeuge, Schaber, 16 Hirschhornhämmer mit rundem, ovalem oder viereckigem Stielloch. 3 Hornkämme, zwei mit Löcher zum Aufhängen, sind aus platten Hirschhornstücken (B. VI Taf. VII 8), Rippenknochen sind zu Hecheln verarbeitet, einige Fassungen für Steinbeile und Meissel, 2 durchbohrte Bärenzähne, durchbohrte und gekerbte Zähne, die als Schmuck getragen wurden. Von den Ahlen und Schabern sind manche glänzend poliert. Ein Eberzahn ist zur Fischangel, ein anderer, wie in Wangen, zu einem Löffelchen verarbeitet (vergl. B. VI Taf. VII 11—21, 23), ein Holzschaft für ein Steinbeil, das ohne Hornfassung eingelassen wurde, ist B. VI Taf. VII 24 abgebildet.

Von keramischen Erzeugnissen sind keine bedeutenden Funde zu verzeichnen. Friedrichshafen besitzt eine Schale, die innen mit Strichen verziert ist, sonst hat man nur Scherben herausgezogen, die meist roh geformt, ziemlich dick und durch Fingereindrücke, zuweilen auf aufgelegten Wulsten, verziert sind; eine Scherbe hat eine durchbohrte Warze, eine andere unregelmässige Striche. Ausser 40 Spinnwirteln aus Thon fand man an einer Stelle 12 grosse Thonkugeln, teils ganz, theils zur Hälfte durchbohrt. Reste von Fäden, Geflechten und Geweben aus Flachs sind viele vorhanden; ferner Reste von Pferd, Torfkuh, Torfschwein, Schaf, Hund, Hirsch, Reh, Bär, Wolf, Luchs, Biber, Igel; Haselnüsse und Äpfel.

Die Scherben von Glasgefässen sowie die Glasschlacken stammen aus späterer Zeit. Wichtig ist eine grosse, feingedrehte durchbohrte Zierkugel aus Bernstein und 4 Beilchen, davon 2 sicher aus Kupfer, drei sind ganz in der Form der Steinbeile hergestellt, das längste (14 cm spec. Gew. 8,715) ist am Rand nur wenig aufgetrieben.

Die ungewöhnlich grosse Zahl der Fundstücke lässt auf ein sehr langes Bestehen dieser Station schliessen; die Topfscherben und die grosse Masse der Funde gehören der neolithischen Periode an. Die Station bestand bis zum Ausgang der Steinzeit, brannte nieder oder wurde aufgegeben, bevor das Metall in grösserer Menge sich Eingang verschafft hatte.

Maurach.

Bericht VI 281 f. IX 57. Hassler S. 6. Hefte des Vereins für Geschichte des Bodensees XI S. 154.

Bei Maurach giebt es nach Dr. Lachmann zwei Pfahlbauten, der eine liegt gerade vor der Ziegelhütte, der andere beim Damm. Der erstgenannte lieferte die zahlreichen Werkzeuge aus Nefrit, der sich nirgends in Europa so massenhaft vorfand. Entdeckt wurde die Station im Winter 1862 63 und von Dr. Lachmann in Überlingen untersucht. ¼ Stunde oberhalb Nussdorf dehnt sie sich in einem Umfang von etwa 300 Ar aus, zeigt Tausende von Pfählen und lehnt sich ganz an das Ufer an; die Pfähle stimmen in Stellung, Grösse und Art mit denen von Nussdorf überein. Hier allein hat man wohl 1000 Nefrite gefunden, darunter Bearbeitungsabfälle und 2 angesägte Beilchen, auch auffallend kleine und sehr dünn geschliffene Stücke. Die Färbung ist meist dunkelgrün und schwärzlich, auch lederrot, hellbraun gefleckt und asbestweiss; letztere Färbung nimmt der Stein durch Verwitterung und die Einwirkung des Wassers an. Auf dieser Station wurde der Nefrit zu Werkzeugen verarbeitet und sie ist für diesen Fabrikationszweig der Hauptort des Bodensees. Die meisten dieser Nefrite liegen im Rosgarten, daneben 8 Beilchen und 3 Meissel aus Chloromelanit, 6 Beilchen aus Jadeit, einige Amphibolite und Saussurit-Gabbro.

3 — 400 Steinkeile zog man heraus; unter ihnen sind ein feingeschliffener Serpentinkeil, ein Beilchen von schön geädertem Serpentin und einige Bruchstücke von durchbohrten Serpentinhämmern bemerkenswert. Der Feuerstein ist nicht häufig; 8 schön geschlagene Pfeil- und 2 Lanzenspitzen befinden sich in Friedrichshafen. 2 schöne Sägelamellen und einige Schaber im Rosgarten.

Topfscherben von dieser Station liegen nur 4 im Rosgarten; sie sind grau, der Rand oben ausgebogen; eine Scherbe hat einen Wulst mit tiefen Löchern, während der ausgebogene Rand Strichverzierungen zeigt; die Form der Gefässe lässt sich nicht feststellen. Selten sind auch bearbeitete Knochen. Als weitere Funde werden genannt eine durchbohrte abgeplattete Bernsteinkugel und als einziger Metallgegenstand der vordere Teil einer Kupferaxt. Letztere Funde sowie die zahlreichen Nefrite beweisen, dass die Station bis zum Ende der neolithischen Periode bewohnt und kurz vor dem Auftreten der Bronze verlassen wurde; sie gehört also vollständig der Steinzeit an.

3

Unteruhldingen.

Bericht VI S. 282 f. IX S. 6 und 58. Hassler Pfahlbaufunde S. 10 f. Hefte des Vereins für Geschichte des Bodensees IX und XVI.

Diese wichtigste Metallstation des Bodensees, die nahezu 700 Bronze- und Eisenobjekte geliefert hat, wurde im Spätjahr 1864 entdeckt. Neben der Bronzestation, die gerade vor Uhldingen liegt, existiert eine Niederlassung aus der Steinzeit oberhalb gegen Meersburg. Die Fundgegenstände sind nirgends nach diesen zwei Ansiedlungen geschieden, doch lässt sich annehmen, dass viele der zahlreichen Steinartefakte letzterer Station entstammen. Die Bronzestation ist über 300 m vom Ufer entfernt und besteht aus 2 Teilen, jeder ca. 3,5 Hektar umfassend. An 10 000 Pfähle, meist von grösserem Umfang als die der Steinstationen, am Grunde durch Querhölzer verbunden, sind zu bemerken; um die Pfähle sind, ganz wie in der Westschweiz, künstliche Hügel von Steinen aufgehäuft, 1½—2 m hoch. Der eine Teil der Ansiedlung besteht aus 3, der andere aus 4 solchen Steinhügeln. Eine Kulturschicht existiert nicht, die Fundstücke liegen zwischen den Steinen.

Steinartefakte mögen wohl 2000 in den verschiedenen Museen liegen; weitaus die meisten sind von gewöhnlichem Material in gewöhnlicher, oft sogar roher Ausführung, andere wieder sind fein geschliffen und geglättet; 3 Bruchstücke von durchbohrten Beilen sind von gewöhnlichem Stein, ein Beilhammer ist derart angebohrt, dass ein Bohrzapfen nicht entstand, 4 Beile stecken in Hornfassungen, die in einen Holzschaft eingelassen waren, ein Stein ist so zugehauen, dass er einem Tomahawk ähnlich sieht; grosse und kleine Meissel, Klopfsteine und Quetscher, Reib- und Schleifsteine sind nicht selten. Ein schön geglätteter runder Stein, ähnlich einem Webergewicht, ist an einer Seite angebohrt; ähnliche Steine kommen durch ganz Europa zerstreut, nicht in grosser Anzahl vor. F. Keller glaubt, sie seien Widerlager auf die Bohrstange, angewendet beim Durchbohren der Steine. Einige durchbohrte Serpentinwirtel erklärt Leiner ihrer Grösse wegen als Schlagsteine. Aus Serpentin sind 20 durchbohrte Beilhämmer und Reste von solchen und über 100 Keile, gegen 80 Meissel und Beilchen sind aus Nefrit, 12 aus Jadeit, 11 aus Chloromelanit, 1 aus Saussurit, einzelne Stücke aus Eklogit, Diabas-Porphyr, Saussurit, Felsittuff, Mergel, Quarz, Calcit, Amphibolit, Granit. Von einem grossen Serpentinblock ist ein Stück abgesägt, ein grosser Steinschlegel gleicht dem von Litzelstetten. Aus Feuerstein sind etwa 50 Pfeilspitzen in Dreieckform, sehr wenige haben einen Dornfortsatz, einige schön gearbeitete Lanzenspitzen und Dolche, zahlreiche Messer, Sägen und Schaber. Sehr schwach vertreten sind die Werkzeuge aus Horn und Knochen; eine Anzahl Fassungen für Beil und Meissel, 2 grosse, viereckig durchbohrte Hirschhornstücke, Hämmer oder Ackergeräte, einige Pfriemen und Meissel, Rippenknochen, Geweihe, Reste vom Pferd, Rind und Schwein.

Weitaus die meisten und schönsten Thongegenstände befinden sich in Stuttgart und sind abgebildet bei Hassler und im B. VI Taf. VIII 2—4, 6, 7, 9, 10, 12—15; sie gehören meist nach Form und Verzierung der Bronzezeit, manches, z. B. Gefässfragmente von feiner samischer Erde, der Römerzeit an. Aber auch Gefässe aus der Steinzeit fehlen nicht: sehr grosse Töpfe, Krüge wie sie in Wangen (vergl. Fig. 12), geschweifte Becher mit Spitzboden, wie sie in Bodman gefunden wurden (vergl. Fig. 15), ein kleiner, bauchiger, henkelloser Krug mit einem Kranz von Buckeln um den Hals; das Ornament der Fingereindrücke (vergl. Fig. 19), Reihen tiefer Striche, die rechte Winkel bilden oder einfache Reihen tiefer Striche, Reste von grossen Urnen ohne Ornament, ein Henkeltopf wie bei Gross Protoh. I 1 von Lorras sind der Steinzeit zuzuweisen. Die meisten Formen und Ornamente jedoch entstammen der Bronzeperiode. Oft kehrt wieder das auch in Konstanz häufige Ornament der Doppelreihe eingedrückter Dreiecke (vergl. Fig. 23) oder Dreiecke, mit Strichen ausgefüllt, in Verbindung mit umlaufenden Kreislinien (vergl. Fig. 22). Solche Verzierungen kommen auch in Wollishofen vor. Eine Schale hat auf dem verbreiterten Rand eine Doppelreihe eingedrückter, im Innern grosse eingeritzte Dreiecke, die durch Parallelstriche ausgefüllt sind, eine andere Schale zeigt die Doppelreihe eingedrückter Dreiecke (vergl. Fig. 23) den Armen eines eingeritzten Kreuzes entlang. Die verzierten Deckel B. VI Taf. VIII 2 und 3, das grauweisse, lampenartige Schälchen mit den Strichornamenten B. VI Taf. VIII 4, Schalen von eleganten Formen B. VI Taf. VIII 7, 9. 10 besitzt Stuttgart. Ferner sind zu nennen 3 kleine Thonwalzen (vergl. B. VI Taf. VIII 5) die auch in der Westschweiz vorkommen, einige walzenförmige Thonröhren, die man gewöhnlich Netzsenker nennt, 40—50 Thonwirtel, viele wulstig, andere platt, einzelne durch eingedrückte kreisförmige Vertiefungen verziert, ein hübsch verzierter Wirtel von Cidaris.

Zahlreiche Glasscherben und Bodenstücke von Glasgefässen erklärte Lindenschmit für spät mittelalterlich. Hassler für römisch; der Boden ist bei allen nach innen in eine Spitze getrieben, alle haben metallischen Glanz. Ein Fragment zeigt eine dem helleren Grund angeschmolzene Verzierung, deren oberes Ende einen Schlangenkopf bildet; andere haben aufgeschmolzene Streifen und Warzen, ein Fragment hat ein doppeltes Ausgussrohr. Endlich wurde eine grosse grüne Glasperle aufgehoben.

Die Zahl der Bronzegegenstände beläuft sich auf etwa 600, die der eisernen auf 60—70, Bronzeschlacke und Schmelztiegel deuten auf lokale Anfertigung.

Bronzenadeln zählte ich 214, die meisten mit schönen Köpfen, eine Anzahl ist B. VI Taf. IX abgebildet. Typen, die in der Westschweiz nicht vorkommen, habe ich nicht bemerkt: 2 Vasennadeln, eine ähnlich B. III Taf. VII 14 aus Corcelette, 5 Rollnadeln, eine mit 2 Ringen, eine Schwanenhalsnadel (Tröltsch 76 a), die besonders in Preussen, 3 mit grossen, hohlen und durchlöcherten Köpfen (Tröltsch 114), die in der Westschweiz sehr häufig sind und der entwickelten Bronzeperiode angehören, eine tordierte Nadel und zahlreiche mit Köpfen, wie sie in den westschweizerischen Pfahlbauten auch vorkommen, Nähnadeln mit Ohren.

Die Angeln, etwa 30 an Zahl, fast alle mit Widerhaken, sind oben zum Befestigen der Schnur meist umgebogen, einige gekerbt. Einfache runde und platte Ringe bis zum Durchmesser von 3 cm zählte ich gegen 75, darunter ist ein starker von rechteckigem Querschnitt mit tiefen Kerben auf der Oberseite und ein zweiter ähnlicher etwas dünner; von 6 massiven, innen flachen, aussen schwach gewölbten Armringen lassen 3 noch Strichverzierung bemerken; (vergl. B. VI Taf. IX 2 und Tröltsch 21, Bronzeperiode) 2 Armbänder im Durchmesser von 3,5 und 4,5 cm sind aus dünnem Bronzestreif, innen flach, aussen etwas gewölbt ohne Ornament; ein ähnliches ist nicht geschlossen und zeigt an beiden Enden Einkerbungen (Tröltsch 38, Bronze der Westschweiz). Zu erwähnen sind noch der Rest eines dünnen, ganz tordierten

Reifes, ein halbkreisförmig gebogener, fast geschlossener Reif mit starken Kerben, ein schmaler, gekerbter Reif von ovalem Querschnitt, ein 7 cm langes Fragment eines Halsringes mit gekerbten Kanten, 2 Spiralarmbänder (vergl. B. IX Taf. XX 6) mit je 8 Windungen, 'z cm breit, innen flach, aussen gewölbt (Tröltsch 73. Bronze — Hallstatt) 24 Bronzeklammern.

Unter den 20 Kelten sind 2 Randkelte, 2 Tüllenbeile und 16 mit Schaftlappen; bei einem stehen die Lappen nicht senkrecht auf der Schneide, sondern liegen in einer Linie mit ihr, bilden also ein Querbeil (B. VI Taf. VII 30 und IX 36, 37 Taf. XVI 9). In die spätere Entwicklung der Bronzeperiode gehören die 2 Tüllenmeissel (B. VI Taf. IX 36, ausserdem fand man 3 gewöhnliche Meissel, einer ist 20 cm lang und hat rechteckigen Querschnitt. Einen ganz frühen Typus repräsentiert eine platte, 6 cm lange Lanzenspitze mit starken Einkerbungen beiderseits (vergl. Fig. 39 vom Mindelsee, den Feuersteinklingen nachgebildet; in die spätere Bronzezeit gehören die 4 Lanzenspitzen mit Tüllen, die bis zur Spitze zu bemerken sind (Fig. 38. B. VI Taf. IX 32–34. Tröltsch 99 b, Bronzeperiode). Von den Pfeilspitzen sind 3 flach (wie B. II Taf. II 18) und nur eine hat eine Tülle (Gross XV 4, 26, 34).

2 Knopfsicheln aus Bronze sind nur schwach gekrümmt. 3 Sicheln haben zur Befestigung 1 oder 2 Löcher (vergl. Fig. 34); sie sind viel stärker gekrümmt: alle haben auf einer Seite Randleisten zur Verstärkung (B. VI Taf. IX 41). 32 Bronzemesser (B. VI Taf. IX 19–31). Die meisten haben einen Dorn. dann einen Absatz, nach dem die leicht geschweifte Klinge beginnt; andere beginnen die Klinge sofort nach dem Dorn (vergl. Fig. 41, durch letztern geht manchmal ein Ring: nur wenige zeigen noch Spuren von Verzierung. Ein einschneidiges Rasiermesser (Fig. 43, Tröltsch 85 b Bronze — Hallstatt; Gross XIV 17), ein Messer aus der La Tène-Zeit (Tröltsch 112 b), einige Schnallen und schnallenartige Stücke, 2 Bronzedrahtröhrchen, 2 Röhren aus feinem Bronzeblech, 2 kleine Stichel, ein in der Mitte durchbohrter Bronzeknopf, 2,5 cm im Durchmesser mit 4mal je 3 Kerbungen und mehrere unbestimmbare Bronzestücke sind zu nennen; ferner ein Anhängestück mit erhöhtem Randstreifen, oft in Wollishofen und in den Seen der Westschweiz gefunden (vergl. Gross XXIII 26, 27, 54). kreisrunde Zierscheiben (Tröltsch 82, vergl. Fig. 48, 49), ein Bronzedraht, gewunden wie die Gürtelspange Tröltsch 69. vergl. Fig. 47 (Bronze — Hallstatt), ein Stück eines Halsringes mit tiefen Kerben, ein tordierter Bronzestab, mehrere Nägel und Doppelknöpfe, der Rest einer grossen Bronzefibel (wohl La Tène), fast nur die 3 cm lange Spirale ist erhalten.

Von den Eisenfunden sind hervorzuheben 3 Mittel- La Tènefibeln, Spirale beiderseits, das aufsteigende Schlussstück ist mittels eines Knopfes mit dem Bügel verbunden, 1 Sichel (B. VI Taf. VII 25), 7 Lanzenspitzen mit Tülle (B. VI Taf. VII 26), 15 Pfeilspitzen, 10 eiserne Messer, 5 Rebmesser, 2 Harpunen mit Widerhaken, der Rest eines La Tène-Schwertes, ein zweischneidiges, mittelalterliches Schwert, 40 cm lang, 1 Dolch, 15 Hufeisen, 3 Äxte mit Schaftloch, ähnlich der Francisca, 1 römischer Hammer, 1 Schmiedezange, 1 Eisenkeil, 1 Eisengabel zum Einlegen der Ruder, 1 Schnalle, 2 Nägel, 3 Ringe, 1 Gürtelhaken, 1 sternförmiger Körper, 1 Meissel, 1 kleines Kästchen, das an ein Thürschloss erinnert. Tröltsch verzeichnet ferner unter Nr. 16 eine La Tènefibel, einen

Stöpselring, Nr. 27 Früh-La Tène, eine doppelgebogene Schwanenhalsnadel, 76 a Hallstatt, ein Bronzemesser, 84 a Bronzezeit. Gegenstände, die ich nicht gesehen habe. Die meisten Steinfunde stammen wohl aus der oberen Station, die die Steinzeit nicht überdauert zu haben scheint. Schon die Anlage der zweiten Station in solcher Entfernung vom Lande, mit Querhölzern und Steinhügeln, bezeugt, dass die Station erst in der beginnenden Bronzezeit gegründet wurde. Da der Platz für den Handel auf dem See und mit dem Hinterland sehr günstig gelegen ist und auch heute wieder an Bedeutung gewinnt, so hat dieser Pfahlbau während der ganzen Bronze-, Hallstatt- und La Tèneperiode bestanden und wurde vielleicht noch zur Römerzeit bewohnt.

Nördliches Ufer des Obersees.

Haltnau.

Bericht IX S. 6 und 58. Hefte des Vereins für Gesch. d. Bodensees XVI.

Ungefähr 20 Minuten oberhalb Meersburg liegt der Hof Haltnau, dem Obersee angehörend. Etwa 20—30 Schritte vom Ufer entfernt wurde hier ein Pfahlbau entdeckt, dessen Pfähle, mit und ohne Querbalken eingelassen, 2—3 m unter dem mittleren Wasserstand stehen; die Ansiedlung nimmt einen Raum von 1,5—2 Hektar ein. Aus der Kulturschicht wurden zahlreiche Artefakte hervorgeholt, die zum grossen Teil in Privatsammlungen kamen.

Von Haltnau birgt der Rosgarten 3—400 Steinwerkzeuge, darunter etwa 100 grosse Keile von gewöhnlichem Stein und roher Arbeit, über 200 kleinere Meissel und Schneidewerkzeuge. Bruchstücke von etwa 12 durchbohrten Serpentinhämmern, meist sorgfältig poliert, einer nur zugehauen mit den ersten Spuren der Durchbohrung, 6 Serpentinbeile, 1 Beil von Thonglimmerschiefer und eines von Thonschiefer, 2 Werkzeuge für die Bodenbearbeitung mit weiter Durchbohrung, 6 Quetscher, Schlagsteine, 16 Beilchen, 1 Messer, viele kleine Schneidewerkzeuge aus Nefrit und viele verwitterte Nefrite sind in Friedrichshafen und im Rosgarten. Ebenda befinden sich 12 Feuerstein-Pfeilspitzen von der gewöhnlichen Dreieckform, 3 Lanzenspitzen, eine schöne schwarze Dolchklinge mit Mittelgrat und Einkerbungen beiderseits (vergl. Fig. 5) und ca. 24 dunkle und helle Feuersteinstücke.

Ziemlich viele Meisselfassungen aus Knochen, Schaber, Stechwerkzeuge, durchbohrte Hirschgeweihstücke und grosse unverarbeitete Geweihe, eine Angel aus Hirschhorn, ferner Knochen von bos primigenius, vom Rind, Schwein, Schaf, Eichhorn, Reh, Ziege, der Schnabel einer Ente wurde gefunden, ausserdem Haselnuss, Walnuss, Kirsche, Schlehe, Pflaumen, Zwetschgen- und Traubenkerne.

Die meisten Thonwirtel, etwa 12 in allem, sind platt, einige wulstig; die Topfscherben sind unbedeutend: ein Rand hat Dreiecke, durch parallele Striche ausgefüllt, ausser diesen erinnert nur noch ein hübsch profiliertes und geglättetes Randstückchen an die Bronzezeit, ein etwa 5 cm hoher Becher, der Rest eines Henkelkruges, der oberste

Teil eines Kruges wie die von Brünnensbach und 12—15 rohe, zumteil sehr dicke Scherben sind ohne Ornamente, eine Scherbe hat Buckelverzierung.

In Karlsruhe sind 5 Stücke aus Bronze: 1 Nadel mit 3 Köpfen (Fig. 32, vergl. Gross XXI 1), eine Rollennadel (vergl. Fig. 31), ein gebogener Haken und 2 gebogene Bronzestückchen; im Rosgarten ist ein stark verwittertes Messer mit Horngriff, der durch Striche, concentrische Kreise und Halbkreislinien verziert ist, der misslungene Bronzeguss einer Lanze, eine 12 cm lange Angel, eine 14 cm lange Dolchklinge mit schwachem Mittelgrat, ein glattes Bronzestäbchen, vielleicht Haarnadel, ein 15 cm langes, leicht geschweiftes Messer (Tröltsch 84, Bronze d. Westschweiz) und 2 Kelte, 12 cm lang, mit leicht aufgetriebenem Rand (Fig. 35) (B. VI Taf. IX 36 ist ähnlich).

Unter der Bezeichnung „Hagnau — Haltnau" befinden sich im Rosgarten 11 irisierende Glasstücke mit Warzen und aufgelegten Streifen und 59 meist sehr verwitterte Bronzegegenstände. Es sind 5 Angeln, 5 Klammern, 7 kleine Stifte, 10 Ringe vom Durchmesser 0,5—3 cm (Tröltsch 18), ein kleines Rädchen mit diagonaler Verbindungsleiste, eine durch erhabene Striche und Punkte verzierte Schnalle, ein kleiner Meissel mit quadratischem Querschnitt, ein Doppelknopf, ähnlich den modernen Manschettenknöpfen, 6 Nadeln ohne Kopf, 1 kleine platte Pfeilspitze, ein Rest vielleicht von einer Sichel.

Die zahlreichen Steinartefakte beweisen, dass Haltnau in die neolithische Zeit zurückreicht; die Bronzefunde gehören teils der ersten Bronzezeit (Randkelte), teils der spätern (Rollennadel) an; doch könnten die spätern Formen leicht von Hagnau stammen. Den spärlichen Funden nach zu urteilen bestand die Station nur bis zum Beginn der eigentlichen Bronzezeit.

Hagnau.

Bericht VI S. 308. Bericht IX S. 6 und 58.

Die Bronzestation Hagnau wurde im Februar 1866 von Domänenverwalter Walter in Konstanz entdeckt; sie befindet sich auf der sog. Burg vor Hagnau. Hagnau ist nur als Bronzestation bedeutend, die Steinkeile, etwa 150, zeichnen sich nicht durch sorgfältige Arbeit vor andern aus; bemerkenswert ist der etwa 35 cm lange, fein polierte grüne Meissel in Karlsruhe. Serpentinkeile und durchbohrte Beilhämmer sind nicht häufig, ausser 21 Nefritbeilchen hat man noch eine Anzahl verwitterter Nefrite gefunden; von den 3 Reibern hat einer eine ziemlich tiefe umlaufende Rille und starke Eindünpfungen (Fig. 4). Feuersteinwerkzeuge sind ganz schwach vertreten, von Knochen liegen einige Schaber und Meissel und wenige Zähne vor; keinerlei Reste von Thongefässen, nur einige Thonwirtel.

Dagegen besitzt Karlsruhe 34, Friedrichshafen 62 und Konstanz ca. 380 Gegenstände von Bronze, die von Hagnau stammen. Es sind dies 26 Angeln, darunter einzelne von beträchtlicher Grösse, ca. 180 Nadeln (vergl. Fig. 29—32); weitaus die meisten sind Schmucknadeln mit zumteil reich profilierten Köpfen, viele Nähnadeln, einzelne mit Öhr, 5 Nadeln haben je 3 Köpfe (Tröltsch 77, Bronze — Hallstatt), 2 je 2 Köpfe unter einander. Die Nadeln haben unter dem Kopf oder zwischen den Köpfen meist Kerben, die mit weisser Masse gefüllt sind und dem auf die Spindel gewickelten Faden ähneln. 14 Rollennadeln, von denen 8 im gerollten Kopf einen Ring tragen, eine Nadel mit grossem, hohlem Kopf (Tröltsch 74, Bronze) mit 4 Löchern um den grössten Umfang und einem oben, die Löcher sind von concentrischen Kreislinien umgeben (Fig. 29 a, vergl. Gross XXI 36). Der Kopf mancher Nadeln gleicht zwei mit der Grundfläche aufeinander gesetzten Kegeln, verziert manchmal durch umlaufende Kreislinien (B. VI Taf. IX 4), andere Köpfe sind kugelig, bei andern erhebt sich über einem kleinen, kugeligen Köpfchen ein breiter, niedriger Kegel. Ähnliche Nadeln hat man in allen Bronzestationen der Schweiz gefunden. Vergl. B. II Taf. II 15, 73, 75—77, B. III Taf. VII 13, B. V Taf. XII 12, B. VIII Taf. III 18 b. c. z. B. IX Taf. V 2, 14, 18, 27, 28. Gross XXI 6, 11, 17, 62. Eine Nadel hat auf dem flachen Kopf eine kreuzförmige Vertiefung. Manche kleine Köpfe ähneln denen der Vasennadeln; eine Nadel zeigt ächte Torsion (wie die von Bodman), eine andere ist vor dem Kopfe, wohl durch Zufall, umgebogen. Ferner sind zu nennen 33 kleine glatte Ringe, 5 Nägel mit grossen Köpfen, 38 Klammern, wovon 2 tordiert. Von den 7 Kelten haben 3 Schaftlappen, einer gleicht dem vom Letten bei Zürich B. VIII Taf. III 4: 2 haben dem leicht aufgetriebenen Rand parallel noch eine erhöhte, ganz umlaufende Leiste (vergl. Fig. 36), ein Randkelt gleicht ganz dem von Uhldingen B. VI Taf. XVI 19.

Das 15 cm lange Bruchstück eines Bronzeschwertes ist mit dem von Eschenz und dem La Tèneschwert von Uhldingen die einzige derartige Waffe von den Pfahlbauten des Bodensees. Keine der beiden Sicheln hat Knopf und Durchbohrung zum Befestigen; die eine ist nur ganz wenig gekrümmt und hat einen Verstärkungsleisten, der nur bis zur Mitte geht, die andere hat 2 Verstärkungsleisten, die bis zur Spitze reichen (Gross XX 12 und 6). Von den 10 Messern hat eines auf der geschweiften Klinge feine Striche und Halbkreise, das grösste, 24 cm lang, hat verzierte Klinge und angegossenes flaches Griffblatt, auf dem der Hornbeleg durch Nieten befestigt war (Fig. 40, spätere Bronze). Nur eines der 3 einschneidigen Rasiermesser, Fig. 43, Tröltsch 85 b, Bronze — Hallstatt, ist mit concentrischen Kreislinien verziert (vergl. B. VII Taf. VI 6, 7. Gross XIV 14, 15), 3 Lanzenspitzen mit Tülle (Tröltsch 99 b, Bronze), 1 Tüllenmeissel (B. VI Taf. IX 38) und 3 gewöhnliche, platte Meissel, 3 Pfeilspitzen, 2 sind platt (Gross XV 4, 28), eine hat Tülle (Gross XV 11), 1 Schnalle von Bronze, 1 von Eisen.

11 Armreife, ein kleiner, von tordiertem dünnem Draht, hat die Enden übereinander liegen; ähnlich sind noch 3 kleinere und 5 grössere, nicht geschlossene Ringe; ein Armring aus dünnem Bronzeblech hat in der Mitte einen Grat, der fast bis an die abgerundeten Enden reicht (Gross XVI 17); ein massiver offener Armring ist innen platt, aussen gewölbt (Tröltsch 50). Die Hälfte eines mit einfachen Kerben verzierten Halsringes (Gross XVI 14, auch B. V Taf. VI 3 von Peschiera); ein unverzierter Fuss- oder Halsring, dessen Enden leicht zur Spirale eingebogen sind. (Tröltsch 48. Bronze).

Ein offener Fingerring von dünnem Blech ist in der Mitte sehr breit und wird an den Enden ganz schmal; eine flache Scheibe mit 8 ovalen Erhöhungen und eine kreisförmige Erhöhung in der Mitte; bei einer ähnlichen sind die Zwischenräume ausgebrochen; eine andere ist unverziert und in der Mitte durchbohrt. Ein rundes Gehäuse, 5 cm hoch, 3 cm Durchmesser mit gerippter Wandung, oben offen, auf dem Boden ein kleiner Stachel, befand sich vielleicht an einer Lanze (B. IX Taf. XX 8); ein eigenartiger Knopf ist abgebildet B. IX Taf. XX 7. Ein Bronzerädchen mit Öhr zum Aufhängen (Gross XXIII 55). Ein 6 cm langes Tierfigürchen hat gabel- oder halbmondförmigen Schwanz und schnabelartigen Kopf mit 2 Hörnern (vergl. Fig. 46); einige Stücke ornamentierten Bronzebleches; 4 Hängestücke, 1 einfach wie die von Wollishofen, 3 mit hübschen Ornamenten und Ringen (vergl. Fig. 45); 7 Bronzeröhren von verschiedenem Durchmesser, davon haben 3 hervorspringende scharfe Streifen (Fig. 50, vergl. Gross XVIII 29), endlich einige Meisselchen und einige unbestimmbare Stücke.

In Friedrichshafen sind 2 grosse eiserne Lanzenspitzen wie die von Uhldingen, im Rosgarten ein Stück Eisenblech mit 3 Löchern. Tröltsch erwähnt noch eine Fibel mit Mittelpauke (Statistik 10), eine Tierfibel (Nr. 15), einen Stöpselring (Nr. 27), Gegenstände, die ich im Rosgarten nicht finden konnte.

Die geringe Anzahl der Steinwerkzeuge lässt nicht annehmen, obwohl sie zum grossen Teil keine sehr fortgeschrittene Technik verraten, dass die Station Hagnau die ganze Entwicklung der Steinzeit mitgemacht hat; vielleicht stammen die Steinfunde, wie so viele vom nördlichen Ufer des Obersees, aus einem schon früher zerstörten oder verlassenen Pfahlbau und unsere Station wurde erst mit der beginnenden Metallzeit, in der allerdings immer noch Steinwerkzeuge benutzt wurden, angelegt. In die erste Bronzezeit gehören mit Sicherheit nur die Randkelte, die meisten Objekte: die Rasiermesser, Schaftlappenkelte, Rädchen, Tüllenmeissel, Rollennadel, Nadel mit grossem hohlem Kopf, Messer mit angegossener Griffzunge, Tierfigürchen entstammen der spätern Bronze- sowie der Hallstattperiode, einiges der La Tènezeit.

Fundstellen von Pfahlbaualtertümern im Obersee.

Bericht IX. Hefte des Vereins f. Gesch. d. Bodensees XVI.

Im Obersee von Hagnau an hat man wohl zahlreiche Steinartefakte gefunden, aber kein Pfahlwerk. Da das Ufer mit seinen zahlreichen seichten Buchten für Ansiedelungen sehr geeignet ist, so kann man wohl annehmen, dass in der Steinzeit hier Pfahlbauten bestanden haben, dass sie aber durch den starken Wellenschlag zerstört, die weniger widerstandsfähigen Objekte zerrieben, oder dass die Ansiedlungen durch den Schlamm und das Geröll der Bäche und Flüsse überdeckt wurden.

Immenstaad zeichnet sich durch zahlreiche Nefrite aus; in Konstanz und Friedrichshafen befinden sich 70—80 kleine Werkzeuge aus Nefrit, ausserdem zahlreiche Steinkeile, darunter 4 von Serpentin, 2 Bruchstücke von durchbohrten Hämmern, 1 Quetscher, endlich 1 Messergriff aus Bronze.

Auch die Buchten von Fischbach, Manzell, Seemoos, Friedrichshafen, Langenargen lieferten Steinbeile, Hämmer, Quetscher, Feuersteine, einige Nefrite, Jadeite und einen Chloromelanit. Durchbohrte Steinbeile sind selten, ebenso der Feuerstein. Bei Manzell und Friedrichshafen wurden einige unverzierte Topfscherben gefunden. Alle diese Stationen wurden, wenn sie überhaupt bestanden haben, vor dem Ende der Steinzeit verlassen.

Südliches Ufer des Oersees.

Bericht IX S. 8—9. Antiqua 1885 Nr. 11.

In einer ehemaligen Seebucht bei Arbon, der sog. Bleiche, wurde ein Pfahlbau entdeckt und von Messikomer untersucht und beschrieben. Plan B. IX Taf. XX 9. Die Funde waren Steinbeile, Netzbeschwerer, Hacken von Hirschhorn, ein Messer von Eibenholz, ein Ruder (das einzige vom Bodensee), Knochen vom Bison, Ur, Hirsch, Kuh, Schwein, Hund, Bär, Knochenwerkzeuge und Scherben mit Fingereindrücken, kein Metall. Die Station wurde nur in der Steinzeit bewohnt.

Unterhalb Arbon hat man eine Anzahl Stationen entdeckt, die nur geringe Ausbeute an Produkten der Steinzeit lieferten; diese Stationen befinden sich bei Kesswil, Moosburg und Rothfarb bei Güttingen, Altnau, Landschlacht, Münsterlingen, Bottig- hofen; vom Ufer bei letztgenanntem Dorfe besitzt das Museum in Konstanz einen durchbohrten Steinhammer und ein ganz plattes Kupferbeil von der Form der Steinbeile, 10 cm lang und an der Schneide 5 cm breit.

Kreuzlingen.

Bericht IX S. 9.

Von der Seeburg bei Kreuzlingen bis zur deutschen Grenze dehnt sich eine langgezogene Baute aus, deren Pfähle noch teilweise zu erkennen sind. Die Fundstücke gehören der Steinzeit an: Steinbeile, Quetscher, Reiber, zahlreiche Beile von Serpentin, einige schön und sorgfältig gearbeitete durchbohrte Hämmer, ein Nefritmesser in Hornfassung, 5 Nefritbeilchen und einzelne Jadeite. Aus Feuerstein sind 13 Pfeil- spitzen in bekannter Form, 2 Lanzenspitzen, einige Messer und Schaber; 2 Horn- fassungen mit ihren Meisseln und 9 rötlich gebrannte, 8—10 cm lange Thonröhren, die als Netzsenker gedient haben, wenn sie nicht Produkte der Neuzeit sind. Ausserdem fand man ein Stück Bernstein und ein grosses Feuersteinbeil. Nach den Funden zu urteilen, hat auch diese Ansiedlung die Steinzeit nicht überdauert.

Konstanz.

Bericht VIII S. 34 f. Bericht IX S. 1 f. Hefte des Vereins f. Gesch. d. Bodensees XI und XII.

In der Nähe von Konstanz befinden sich drei Pfahlbauansiedlungen, die von Herrn Stadtrat Leiner entdeckt, ausgebeutet und beschrieben wurden. Im Jahr 1872 entdeckte er die Station in der Bucht von Rauenegg, 1882 die Stationen am Frauen- pfahl und in Hinterhausen. Situationspläne giebt Herr Leiner in B. IX Taf. XX, die Fundgegenstände kamen fast ausnahmslos in das Rosgartenmuseum.

Die Station Rauenegg.

Gelegentlich der neuen Hafenanlagen in der Rauenegg kamen Eichenpfähle, die unten mit Querhölzern verbunden waren, und zahlreiche Fundstücke zu Tage, die die Anfmerksamkeit der Arbeiter erregten. Herr Leiner, der davon benachrichtigt wurde, beobachtete genau den Fortgang der Arbeiten und fertigte einen Plan an, auf welchem er die Fundstellen der einzelnen Objekte genau verzeichnete.

Insbesondere war an Feuerstein die Rauenegg sehr ergiebig; ganze Näpfe voll Stücken und Splittern stehen im Rosgarten, hervorzuheben sind zahlreiche Pfeilspitzen in der gewöhnlichen Dreiecksform, einzelne mit konkaver Grundlinie, 2 schöne Lanzenspitzen oder Dolche von gelblichem Feuerstein, eine hat oben 4 Einkerbungen zum Befestigen (vergl. Fig. 5), die andere ist nach beiden Seiten zugespitzt (vergl. Fig. 6), zahlreiche Messer und Schaber von schwärzlichem Stein und ein geschlagenes Beilchen. Die Steinbeile lagen meist am Ufer unterhalb Krenzlingen hin, sie sind sehr zahlreich. Instrumente von gewöhnlichem Stein, Keile, Hämmer, Beilchen, Meissel, Quetscher, Reibsteine, sog. Schleudersteine wurden nahezu 600 aufgehoben, neben gut gearbeiteten ganz rohe und solche, die gar nicht zugeschliffen sind. Auch Serpentin wurde viel verwendet, etwa 20 durchbohrte Hämmer, gegen 40 Keile, Klopfsteine und zugehauene Hämmer aus Serpentin liegen im Rosgarten, dazu ein schwerer Steinschlegel mit Handhabe; ein durchbohrter Beilhammer von Kalkstein, ein Beil von Quarz und eines von Mergel. 26 Nefritbeilchen, ein Jadeit, ein Chloromelanit sowie ein Stück Bernstein bezeugen, dass am Ende der Steinzeit hier noch Menschen hausten, dagegen mögen die Glasstücke einer spätern Zeit angehören und durch Zufall hinzugekommen sein. Reste von Geweben hat man nicht gefunden, dagegen Schnitze vom Holzapfel, Haselnüsse, die Spindel einer Getreideähre, Lehmverkleidungen der Reisigwände, Birkenstämmchen, durch Weiden verbunden. Aus Thon gebrannt sind 7 Spinnwirtel, einige durchbohrte kegelförmige Webergewichte und 6 rötlich gebrannte Thonröhren, die man als Netzsenker ansieht.

Bedeutend sind die aufgefundenen Töpfe und Reste von solchen; sie gehören meist nach Form und Ornamentierung entschieden in die Bronzezeit. Ein glänzend schwarzes Randstück von feinem Thon zeigt feine parallele Striche, abwechselnd mit flachen, umlaufenden Kreisen (vergl. Fig. 25); ein feines schwarzes Gefäss von eleganter Form und Verzierung ist B. VIII Taf. IV Fig. 14 abgezeichnet; ähnlich in der Form ist das bei Bodman gefundene Gefäss B. V Taf. VIII Fig. 13 sowie die in Montreux und Montellier aufgefundenen B. VI Taf. IV 6, 11, 12 und B. VIII Taf. VIII 8. Etwas weniger elegant und mit 2 kleinen Henkeln am Beginn des Halses versehen ist das dem vorigen ähnliche Gefäss B. VIII Taf. IV Fig. 12. Ähnliche wurden auf dem Urnenfeld von Neudorf in Böhmen ausgegraben. Vergl. Sitzungsberichte der kaiserl. Academie d. Wissensch. in Wien Bd. 85 Abt. I Taf. IV Fig. 2.

Ein ganz gleich gestalteter grösserer Krug, dessen Hals fehlt, ist durch tiefe umlaufende Kreise und flache Furchen verziert, andere haben ausser den umlaufenden Kreisen vertikale Strichornamente, die mit weisser Masse gefüllt sind. Diese Art von Krügen war sehr beliebt, 3 sind ganz oder fast ganz erhalten, von 6—7 erhebliche Reste (vergl. Fig. 17, 26).

Für Rauenegg ist ferner charakteristisch die Form der Schale Fig. 16 und B. VIII Taf. IV Fig. 13; die Höhe beträgt 7 cm, der Durchmesser des Bodens 5 cm, der obere Durchmesser 14,5 cm, der Rand ist horizontal verbreitert und mit 3 umlaufenden Kreislinien verziert. Ganz ähnliche hellgraue Schalen, meist nicht sehr exakt gearbeitet, stehen noch 4 im Rosgarten, eine derartige Schale besitzt einen kleinen Henkel. Das Bodenstück einer solchen Schale ist aussen verziert mit einem einfachen

Kreuz, hergestellt aus zwei eingeritzten Strichen. Zu nennen ist ferner die flache, reich verzierte Schale mit schön profiliertem Fusse B. VIII Taf. IV 11 und der eigentümliche Flaschenhals mit 12 eingedrehten, in schief aufsteigender Linie durchbohrten Kreisen B. VIII Taf. IV 10. Andere Scherben weisen zwischen den Systemen der umlaufenden Kreislinien kleine, dachsparrenartig und rechtwinklich gestellte Linien auf, welche die Richtung wiederholt ändern. (Vergl. Gross Protohelvétes XXXIII 14 von Anvernier.) Eine gerade und eine glänzend schwarze Scherbe haben Ornamente wie Gross XXXIII 17, vergl. Fig. 25, eine ist ganz bedeckt mit Strichen, die dem Schnurornament ähnlich sind (vergl. Fig. 27). Das eigentliche Schnurornament ist mir am Bodensee noch nicht begegnet.

Der Bronzezeit gehört auch das Ornament an, das aus 2 Reihen eingedrückter Dreiecke besteht, deren Spitzen gegen einander schauen. Vergl. Fig. 23. Diese Verzierung findet sich zwischen umlaufenden Kreislinien; sie begegnet uns auch auf dem verbreiterten Rand so, dass die zwischen den Dreiecken bleibenden erhöhten Streifen eine zusammenhängende Zickzacklinie bilden (Fig. 24). Eine Schale zeigt innen tief eingeritzte, nicht sehr regelmässige Linien, welche grosse, durch Striche ausgefüllte Dreiecke darstellen und mit weisser Masse ausgefüllt waren, andere Scherben sind ganz mit unregelmässig eingestossenen kleinen Rechtecken bedeckt, die nicht scharf abgegrenzt sind, andere haben unter tiefen Kreislinien ähnlich tiefe, breite Zickzacklinien, die um das Gefäss laufen.

Eigenartig sind vielfach die Scherben grosser Gefässe verziert; eine schmale, erhabene Schnur mit ovalen Austiefungen umgiebt das Gefäss, andere zeigen sehr tiefe, allmählich breiter werdende Striche. (Vergl. Fig. 21.)

Zahlreiche Urnen und Töpfe waren ganz roh gearbeitet von grobem Thon mit sehr dicken Wänden, verziert durch aufgelegte Wülste mit Fingereindrücken (vergl. Fig. 19) einem der ursprünglichsten Ornamente, oder ohne jede Verzierung.

Bronzestücke hat die Rauenegg 16 geliefert: es sind dies 3 gewöhnliche Ringe, eine Rollnadel mit Ring, eine Nadel mit rundem, eine mit kugelförmigem (vergl. Gross XXI 11, 17), einige ohne Kopf, eine Klammer, der Rest eines Messerchens, eine Schnalle, ein grosses Anhängsel (vergl. Fig. 44) und 2 Stücke eines Gürtelbleches.

Dass die Station Rauenegg, sehr günstig am Ausfluss des Rheines aus dem Bodensee gelegen, schon in der Steinzeit bestanden hat, beweisen die zahlreichen Steinkeile und Feuersteine. (Knochen hat man nur in dem Teil gegen Kreuzlingen hin gefunden.) Wie ähnlich gelegene Stationen (z. B. Stein) wurde sie während der ganzen Bronzezeit und noch in der Hallstattperiode bewohnt. (Schmuckgehänge, Gürtelblech). Sie ist jedenfalls nur zum geringsten Teil ausgebeutet.

Konstanz Frauenpfahl.

Bericht IX 1. Hefte des Vereins für Gesch. d. Bodensees XI, XII.

Anfangs 1882 wurde am Frauenpfahl gerade vor dem Hafen eine Ansiedlung entdeckt, deren Boden so tief unter dem Seespiegel liegt, dass Leiner eine Veränderung des Seeniveaus annimmt. Sie lieferte dem Rosgarten 3 schöne Serpentin-, 3 gewöhnliche Keile, 1 Chloromelanitbeil, Reste eines grossen, bauchigen Kruges ohne Henkel und Verzierung, Scherben von 2 grössern dickwandigen Töpfen, eine kleine Schale und eine blaue Glasperle; ausserdem 30 stark verwitterte Gegenstände aus Bronze. Es sind dies 4 kleine Ringe, 1 Angel, 2 Knöpfe, 18 Nadeln und Reste von solchen, darunter eine Rollnadel und 2 mit runden Köpfen.

Die Station ist ihrer Tiefe wegen nicht ausgebeutet, vielleicht erst in der Bronzezeit angelegt. Wäre die eine Glasperle beweisend, so müsste sie bis zur mittleren La-Tène-Zeit bestanden haben.

Bei der Dominikanerinsel (Insel-Hôtel) wurden einige Reste von dickwandigen grossen Töpfen gefunden, von denen einige unter dem ausgebogenen Rande tiefe Kerben haben, wie sie in der Rauenegg öfters vorkommen. Ein Pfahlbau ist hier nicht konstatiert.

Konstanz Hinterhausen.

Bericht IX. Hefte des Vereins für Gesch. d. Bodensees XII.

Die Ansiedlung Hinterhausen, 1882 entdeckt, erstreckt sich vom Gut Gebhardsbrunn bis zur Villa Rosenau ca. 180 Ar; auch bei niederem Wasserstand liegt sie noch 30 -100 cm unter dem Seespiegel. Aufgefunden wurden 200 Steinkeile von verschiedener Form und Grösse, 4 Keile aus Serpentin, 2 Fragmente von fein polierten, mit Rillen verzierten Beilhämmern, ein grosser Klopfstein aus Serpentin, ein Steinbeil in einer Hornfassung, die bestimmt war, in einen Holzschaft eingelassen zu werden, 6 runde Reibsteine, von denen 3 oben und unten abgeplattet sind, ein schöner, 11 cm langer Dolch aus grauschwarzem Feuerstein, einige Pfeil- und Lanzenspitzen aus Feuerstein. Die Knochenartefakte bestehen in einigen Fassungen für Meissel und Beile; dagegen fand man zahlreiche unbearbeitete Knochen vom Wisent, Rind, Schwein, Hirsch, Reh, Hund, Fuchs, Biber, Hecht.

Von den Topfresten erinnert nur eine kleine graue Scherbe durch Verzierungen mit Zickzackstrichen und Punktreihen an die Bronzezeit; eine Schale hat innen 4 mal je 3 Striche vom Rand zum Boden, ein Randstück eingedrückte Dreiecke. Eine graue Schale mit horizontal durchbohrten Buckeln erinnert an eine Schale vom Michelsberg (Der Karlsruher Altertumsverein Heft I Taf. Nr. 7.) Ausserdem fand man noch 8 platte und einen wulstigen Wirtel aus Thon. Der einzige Metallgegenstand ist ein achteckiges Bronzeplättchen mit Ornamenten.

Die Station bestand nach den allerdings nur wenig erheblichen Fundstücken bis zum Beginn der Bronzezeit.

Untersee, Nördliches Ufer.

Langenrain bei Wollmatingen.

Pfahlbaubericht IX.

Unterhalb Gottlieben trennt der Rhein, der hier in den Untersee übergeht, die Insel Langenrain vom Wollmatinger Ried ab, auf deren nördlichem Ende 1882 ein Pfahlbau entdeckt wurde, dessen Pfähle auf einem Gebiet von 100 m Länge und 10—15 m Breite regelmässig gruppiert und zumteil mit Querhölzern verbunden sind.

Die Pfähle sind teils rund, teils gespalten, mit scharfen Werkzeugen zugespitzt.
Erforscht wurde die Ansiedlung durch Herrn Dr. Nägeli in Ermatingen, dessen Freund-
lichkeit ich meine Angaben über sie verdanke.

In der Kulturschicht, die 30—80 cm unter dem Schlamm des Wollmatinger
Baches liegt, fand man kein einziges Steinbeil, keine Pfeilspitze, umso massenhafter
aber Topfscherben, so dass hier speziell Töpferware hergestellt worden zu sein scheint.
Die Ornamente der Scherben deuten durchweg auf die Bronzezeit hin. Ein Bodenstück
zeigt innen ein eingeritztes Kreuz, dessen Armen Striche und Kerben parallel laufen.
Öfter wiederkehrt das auch in der Ranenegg beobachtete Ornament, bestehend in
2 Reihen eingedrückter Dreiecke, deren Spitzen gegeneinander schauen; damit in
Verbindung treten gern Linien auf, die um das Gefäss gehen; eine ähnliche Verzierung
besteht aus einer Reihe von Dreiecken, deren Spitzen abwechselnd nach oben und unten
gerichtet sind, in Verbindung mit umlaufenden Linien. Der vorspringende Rand eines
grossen Topfes zeigt 2 Reihen starker Kerben (vergl. Fig. 21 von der Ranenegg).
Wiederholt sind die umlaufenden Kreislinien in schief aufsteigender Linie durchlöchert.
An einem Fund in der Westschweiz konnte man nachweisen, dass in diesem Fall die
eingedrehten Linien mit Zinnstreifen ausgelegt waren, deren Enden in dem Loche durch
Stäbchen festgehalten wurden. In Verbindung mit Reihen von eingedrückten Dreiecken
und ohne solche kommen Dreiecke vor, die durch dachsparrenartig gestellte Striche
oder durch Striche, die einer Seitenlinie des Dreiecks parallel gehen, ausgefüllt sind.
Auf dem verbreiterten Rand sind Dreiecke oft so eingedrückt, dass zwischen ihren
Spitzen eine erhabene Zickzacklinie bleibt (vergl. Fig. 24 von der Ranenegg). Eine
schwarze Scherbe ist durch 3 gleichlaufende, in Mäandern gebrochene Linien verziert.
Ein sonst nicht beobachtetes Ornament besteht in 3 Reihen eingedrückter Halbkreis-
flächen, deren Rundung bei der ersten Reihe nach rechts, bei der zweiten nach links etc.
schaut. Fig. 18 giebt eines der schönsten und fast ganz erhaltenen Töpfchen, das
viele Ähnlichkeit hat mit dem im Bericht IX Taf. 10 Fig. 3 von Wollishofen.

Ein Thonwirtel ist durch einen Kranz von Kerben und 6 Kreisflächen verziert,
die sich um die Durchbohrung in der Mitte gruppieren.

Endlich besitzt Herr Nägeli ein sog. Mondbild; es ist inwendig von rötlichem,
schwach gebranntem Thon, aussen von grauer Farbe, die Hörner sind zum Aufhängen
durchbohrt.

Knochen wurden viele herausgezogen, darunter die Reste eines Menschenschädels.
Die Bronzefunde sind nicht zahlreich; es erklärt sich dieses wohl daraus, dass diese
Station nicht durch Feuer zerstört, sondern dem Anschein nach freiwillig verlassen
wurde. Dr. Nägeli besitzt einen Kelt mit Schaftlappen, 2 Lanzenspitzen und einige
Bronzenadeln, darunter die Fig. 28 abgezeichnete.

Die Station Langenrain wurde erst in der spätern Bronzezeit angelegt; auf
eine spätere Periode zeigt kein Fundstück.

Hegne.

Pfahlbaubericht V 16.

Oberhalb des Allensbacher Mühlbachausflusses bis gegen Hegne dehnt sich
fast ½ Stunde lang ein Pfahlrevier aus; zuerst ist eine, dann 6 Pfahlreihen sichtbar.

Eine Reihe ist unmittelbar am Land, die andere 30 Schritte seeeinwärts parallel dem Ufer. Nur beim höchsten Wasserstand ist die ganze Ansiedlung von den Wellen überdeckt. Die Fundstücke sind meist Steinbeile von kunstreicher Arbeit. Ein Stück eines durchbohrten Serpentinhammers, zwei schön polierte und durchbohrte Schmucksteinchen und einige gewöhnliche Steinkeile sind im Rosgarten, einige Nefritmeissel in Karlsruhe.

Ausser Sägen aus gelbem und einer grossen Lanzenspitze aus schwarzem Feuerstein fand man 3 primitive, dickwandige Thongefässe ohne Henkel, am Rand wiederholt durchbohrt; 2 Töpfe sind innen russig.

Die Ansiedlung wurde bis zum Ende der Steinzeit bewohnt.

Allensbach.
Bericht V S. 16.

Unterhalb Allensbach, an die Reichenauer Feldmark angrenzend, auf einer Landzunge erstrecken sich auf 1000 Schritte von Ost nach West die Pfähle, deren Stellung das Kärtchen auf Taf. VIII des fünften Pfahlbauberichtes angiebt; es ist meist Rundholz von Weiss- und Rottanne und Sahlweide, einige gespaltene Eichenstämme. Die Kulturschicht ist $1\frac{1}{2}$—3 cm dick. Gefunden wurden nur die schwereren Steinartefakte, Steinbeile verschiedenster Grösse, einige Serpentine, ein Nefritbeilchen, Kornquetscher, Sägelamellen aus Feuerstein. Einige Fundstücke sind B. V S. 18 und 19 genau beschrieben und auf Taf. VIII und IX abgebildet. Die Ansiedlung hat die Steinzeit nicht überdauert.

Markelfingen.
Bericht II 128.   Bericht V 16.

Zwanzig Minuten oberhalb Markelfingen, wo der Mühlbach in den See geht, entdeckte Herr Dehoff, Grenzkontrolleur, um ein kleines Inselchen ein grosses Pfahlrevier. Die Fundstücke sind meist gewöhnliche Steinbeile, deren im Rosgarten etwa 100 liegen, darunter nur ein Fragment eines durchbohrten Hammers; ein durchbohrter Serpentinhammer, 11 Serpentinkeile, mehrere polierte Steinmeissel, eine Anzahl gewöhnlicher Keile, einige Kornquetscher, 10 Nefritbeilchen, 20 Pfeil- und 2 Lanzenspitzen, Sägen und Schaber aus Feuerstein sind in Friedrichshafen, ein schöner, schmaler, langer Steinmeissel von dunkler Farbe ist in Karlsruhe. Von den Knochenfunden ist nur bemerkenswert eine zweizackige Harpune, beide Zacken mit Widerhaken versehen, wie Bodman mehrere geliefert hat. (Vergl. Fig. 11.)

Als Fundstücke aus Thon sind mir nur ein Spinnwirtel und eine kleine Röhre, ähnlich den von Kreuzlingen, bekannt.

Auch der Pfahlbau Markelfingen hat die Steinzeit nicht überdauert.

Iznang.
Bericht II.

Oben und unten an der Schiffslände hat man Pfahlwerk entdeckt, an der untern Stelle Steinbeile gefunden.

Gundholzen.

Nach B. IX S. 2 entdeckte Herr Schenk in Stein einen Pfahlbau bei Gundholzen, zwischen Hornstaad und Iznang. Funde sind mir nicht bekannt.

Hornstaad.

Bericht II 128.

Am östlichen Ende der Schiener Halbinsel etwas oberhalb der Häuser von Hornstaad entdeckte man eine grosse Ansiedlung. An Steinartefakten fand man einen grossen, angesägten und entzweigebrochenen Amphibolit, 4 zugehauene, noch nicht geschliffene Keile, 2 Serpentinkeile, 1 Behaustein, 2 Reibsteine, 3 Feuersteinmesser. An Knochenfunden sind zu nennen ein zweizinkiges Geweihstück, das als Karst gedient haben kann, 1 Dolch, 1 Pfriem, eine Meisselfassung, einige durchbohrte Knochen und Zähne. Ausser einem Holzmeissel sind im Rosgarten ca. 10 Scherben von grossen Töpfen, roh und dickwandig, eine mit horizontal durchbohrtem Buckel, eine mit warzenartiger Anschwellung; ein Thonwirtel, ein grosser gebrannter Thonkuchen, Reste der Lehmverkleidung der Wände. Zahlreich sind in Konstanz und Karlsruhe die Reste der Flachsindustrie, Netze, Schnüre, Faden, Geflechte.

Die Pfahlbaute Hornstaad, die kaum völlig ausgebeutet ist, wurde nur in der Steinzeit bewohnt.

Gaienhofen.

Bericht II 128.

An der Schiffslände fand man die Überreste einer ausgedehnten Ansiedlung, die durch das Bächlein, das hier in den See geht, verschlammt ist. Steinbeile sind nicht selten. In Konstanz sind 2 grosse Scherben, 2 Bodenstücke von Töpfen, einige Zähne und einige unbearbeitete Knochen.

Hemmenhofen.

Bericht II 128.

Vor dem Ausfluss des Mühlenbaches im sog. Allmend liegt ein Pfahlbau, an Ausdehnung ungefähr so gross wie das Dörfchen selbst, zahlreiche Pfähle sind noch sichtbar. Im Rosgartenmuseum liegen 7 gewöhnliche Steinkeile, ein ganz roher durchbohrter Steinhammer, ein grösserer rundlicher Reiber mit 6 Abflachungen, ein Schleifstein, einige wenige Feuersteine und Knochen, mehrere Thonwirtel und zahlreiche Reste von zumteil sehr umfangreichen, roh gearbeiteten Töpfen.

Diesen spärlichen Funden nach zu urteilen, hat Hemmenhofen nicht mehr die letzte Entwicklung der Steinzeit gesehen.

Wangen.

Pfahlbaubericht II 125. III Einleitung u. S. 105 IV 27. VI 256.

Die erste Pfahlbaustation des Bodensees, die entdeckt wurde, war die von Wangen. Als der Gemeinderechner Caspar Löhle in Wangen von der Entdeckung in

Meilen am Zürichsee Kunde erhielt, erinnerte er sich, in früheren Jahren oft ähnliche Gegenstände in der Bucht östlich vom Dorfe Wangen gefunden zu haben; nunmehr, im Herbst 1856, begann er planmässig zu sammeln und auszugraben.

Die Bucht von Wangen, durch eine Landspitze gegen den Westwind geschützt, einen Bach und fruchtbares Feld in nächster Nähe, ist für eine Ansiedlung besonders geeignet. Die Ansiedlung bildet ein Rechteck von über 700 Schritte Länge und 120 Schritte Breite, die Anzahl der Pfähle schätzte Herr Löhle auf 30–40000, meist Rundholz von allen Holzarten, die sich auch jetzt noch in der Nähe finden, zugespitzt durch die Steinaxt. Die Funde sind sehr zahlreich, aber zerstreut in den verschiedensten Städten Europas. Steinbeile hat man viele gefunden; auffallend ist, dass die schön geformten durchbohrten Beilhämmer hier fast ganz fehlen, somit die Station nicht bis zum Ende der Steinzeit bestanden hätte, obwohl der Ackerbau und die Flachsbearbeitung gerade hier auf ganz besonderer Höhe stand. Die meisten Steinwerkzeuge sind in Konstanz und in Zürich, noch nicht 200 Stück, meist recht roh gearbeitet, aus gewöhnlichem Material; nur ein Exemplar ist vollständig durchbohrt, bei einem ist die Bohrung begonnen. Klopfsteine und Kornquetscher sind häufig, die sog. Schleudersteine selten, von Nefrit hat man nur wenige und geringe Stücke gefunden, dagegen ca. 40 meist schön geformte Pfeilspitzen aus Feuerstein (vergl. B. VI Taf. III Fig. 10 eine gezahnte Pfeilspitze). 4 Feuersteinsägen in ihrer Fassung von Eibenholz, die bei einigen zum Aufhängen durchbohrt ist, einige Messer und Schaber und zahlreiche andere Stücke.

Die Knochenwerkzeuge überwiegen an Zahl die von Stein bedeutend. Stechwerkzeuge, Meissel, Angeln, Pfeilspitzen aus Knochen, Dolche aus Hirsch- und Rehgeweihen, durchbohrte Knöchelchen, Zähne von Wolf und Bär, Hecheln, gebildet aus mehreren, fest mit einander verbundenen gespaltenen Rippenknochen, durchbohrte Hacken von Hirschhorn sind abgebildet B. VI Taf. III Fig. 11, 13, 14, 17—19. B. IV Taf. III Fig. 8, B. III Taf. VI Fig. 16. Ein Kinderlöffel, aus einem Eberzahn hergestellt, ist B. III Taf. VI Fig. 21 wiedergegeben. Knochenfundstücke sind in Zürich ca. 200, in Konstanz noch mehr; es fehlen aber vollständig die Hirschgeweihfassungen für Steinbeile; die Steinbeile wurden hier direkt in das gespaltene Ende eines Doppelastes eingelassen und mit Erdpech und Bast befestigt. Ein Spinnwirtel aus Knochen ist mit Strichen verziert. Die Spinnwirtel aus Thon sind sehr zahlreich, meist sind sie platt, manche mit Strichen oder Punkten verziert. (Vergl. B. IV Taf. III Fig. 21 und 22). Die zahlreichen grossen, durchbohrten Thonkugeln dienten als Webergewichte.

Neben den primitiven Henkelkrügen ohne Ornament (vergl. Fig. 12) und solchen, die dem Henkel gegenüber 2 Zäpfchen zeigen (vergl. Fig. 13), traten auch Töpfe mit ganz unregelmässigen, aber auch geschmackvollen Verzierungen auf (vergl. B. VI Taf. XVI Fig. 8 und Taf. III Fig. 16), nämlich Reihen eingedrückter Punkte, in Sichelform gekrümmt, oder eine Anzahl concentrischer Halbkreise, an deren äussersten sich vertikale Striche anschliessen. Ein Topf mit auffallender Ornamentierung ist B. II Taf. I Fig. 31 abgebildet; eine Scherbe zeigt Tannenzweigornament, eine andere Strichverzierung, die mit einer Wasserpflanze verglichen werden könnte. Daneben kommen die gewöhnlichen Verzierungen der Steinzeit vor, bestehend in eingedrückten Löchern, in Warzen oder Fingereindrücken, manchmal auf aufgelegtem Wulst angebracht (vergl. Fig. 19).

Am bekanntesten ist Wangen durch seine ungewöhnlich reichen Funde an verkohltem Getreide, Ähren und Körnern von verkohlter Gerste und Weizen, die zentnerweise aufgehoben wurden; ferner fand man wilde Äpfel. Buch- und Haselnüsse, Himbeer-und Brombeersamen in Masse, Brot, aus zermalmten Getreidekörnern auf Steinen gebacken, Klumpen von verkohltem Gemüse, Flachs, Garn, Geflechte zu Kleidern, Decken, Matten, Geflechte aus Strohhalmen und dünnen Zweigen. Vergl. B. II Taf. I 23—25. B. III Taf. VI 18, 19. B. VI Taf. I Fig. 1. Vom Tierreich sind in Resten vertreten Urochs, Wisent, Hirsch, Reh, Rind, Wildschwein, Hund, Schaf, Wolf, Fuchs, Bär, Hase; Holzarten: Eichen, Buchen, Eschen, Birken, Erlen, Rüster, Sahlweide, Ahorn, Haselstunde, Apfel- und Birnbaum; Nadelholz selten, Erle nur in geringen Spuren.

Die Funde lassen auf einen hohen Kulturzustand der Bewohner schliessen; trotzdem gehört die Station vollständig in die Steinzeit, denn noch keine Spur von Metall wurde gefunden. In der Schweiz entspricht ihr zumeist Robenhausen, das jedoch einige Metallfunde aufzuweisen hat.

Oberstaad.

Nach Bericht II 125 befindet sich in der Bucht zwischen Oberstaad und Kattenhorn ein ausgedehnter Pfahlbau, der bis ans Ufer reicht. Die Funde bestehen in Steinbeilen und Topfscherben.

Südliches Ufer des Untersees.

Ermatingen.
Bericht II 128; IV 27; IX 10.

Die Pfahlbaute bei Ermatingen nahm die ganze Bucht unterhalb des Dorfes ein. Die Pfähle sind sehr zahlreich und ragen teilweise noch bis 15 cm aus dem Seeboden hervor. Die Funde beschränken sich fast ausschliesslich auf Objekte von Stein und Feuerstein. Die Kulturschicht ist weggeschwemmt, die Gegenstände wurden direkt vom Seeboden aufgehoben. Unter den zahlreichen Steinbeilen, wohl 400, sind nur ganz wenige schön gearbeitete Stücke; nur von 4 durchbohrten Hämmern fand man Reste, neben wenigen Keilen aus Serpentin ein Beilchen von Nefrit, einzelne von Jadeit und Saussurit; Mahlsteine und Kornreiber fand man in grösserer Zahl.

Besonders ergiebig war diese Ansiedlung an Feuersteingeräten. Pfeilspitzen aus gelbem und schwarzem Feuerstein besitzt Herr Dr. Nägeli nahezu 100 von verschiedener Form und Grösse, darunter befinden sich schöne Exemplare mit Widerhaken und Dornfortsatz; ausserdem Rohmaterial, Splitter, Messer und Sägen. Die Topfscherben scheinen durch den Wellenschlag zerrieben zu sein, man hat fast keine gefunden, nur Herr Notar Mayer hat 2 auf der Innenseite netzartig verzierte Scherben, eine Art der Verzierung, die in der Steinzeit (Untergrombach, Schussenried) nicht selten ist.

5

Wie die meisten Stationen des Untersees scheint auch diese freiwillig aufgegeben worden zu sein, vielleicht schon vor der letzten Periode der Steinzeit, denn die schön gearbeiteten und durchbohrten Steinwerkzeuge fehlen fast ganz.

Berlingen.

Nach Bericht II 128 befand sich in der Bucht oberhalb der äussersten Häuser von Berlingen eine Ansiedlung. Steinbeile finden sich dem Ufer entlang. In Zürich befinden sich zwei gewöhnliche Steinkeile.

Steckborn.

Bericht II 128. Bericht IX 10, 11.

Hier sind die beiden Ansiedlungen Steckborn-Schanz und Steckborn-Turgi zu unterscheiden: letztere liegt unterhalb des Städtchens zwischen dem Schulhaus und dem ehemaligen Kloster Feldbach, erstere in der Bucht oberhalb des Städtchens bei den ersten Häusern. Beide wurden entdeckt von Herrn Apotheker Hartmann in Steckborn, untersucht von Herrn Schenk aus Stein und Herrn Messikomer. Danach bestand die Siedlung Steckborn-Schanz aus etwa 5 Hütten, sie wurde zweimal durch Feuer zerstört. Sie lieferte besonders schöne Werkzeuge aus Hirschhorn: Feldhacken, Harpunen, Hecheln, Nadeln, Meissel; ferner Steinbeile, Steinmeissel, Scherben, Flachs, Geflechte, Weizen und Gerste. Im Rosgarten befindet sich ein wulstiger Thonwirtel und eine hellgraue Topfscherbe, verziert durch Parallelreihen von eingedrückten kleinen Kreisflächen.

Steckborn-Turgi. Die ganze Bucht zwischen Steckborn und Feldbach ist scheinbar planlos mit einer Unmasse von Pfählen besetzt. Die Fundschicht ist bisweilen an der Oberfläche, bisweilen in einer Tiefe von 1-3 Meter. Holzwerk wurde massenhaft gefunden, neben Pfählen auch Dielen, Stangen, Zweige. Die Hütten wurden durch gespaltene Bohlen hergestellt, welche mit der Kante in die Pfähle eingeklemmt waren, die Eckpfeiler wurden durch je 5-7 dicht neben einander eingeschlagene Pfähle gebildet; alle Pfähle sind mit Steinbeilen zugespitzt. Vom Oberbau hat man Bodenstücke, Flechtwerk mit Lehm bestrichen, Moos, Laub, Stroh und Birkenrinde gefunden.

Die Steinwerkzeuge, etwa 200, sind mit wenigen Ausnahmen gewöhnliche, ohne grosse Sorgfalt gearbeitete Stücke; der schönste Beilhammer, schwarz, fein poliert, mit Furchen versehen, befindet sich in Friedrichshafen. Durchbohrte Steinwerkzeuge und Nefrit sind selten. Einige Steinmeissel stecken noch in ihren Hirschhornfassungen; die Steinbeile wurden sowohl direkt in den Holzschaft gesteckt, als auch mittels Hirschhornfassungen darin befestigt. Aus Feuerstein sind zahlreiche Pfeilspitzen und Messer.

Unter den Fundstücken aus Geweih und Knochen, deren eine grosse Anzahl in Frauenfeld, Friedrichshafen, Konstanz und in der Sammlung des Herrn Hartmann in Steckborn sich befindet, sind sehr fein polierte Stecher und Schaber, Nadeln aus Rippenknochen, Hecheln, Harpunen, die grösste 21 cm lang mit 4 Paar Widerhaken, Ahlen, Meissel, Fassungen für Steinmeissel, durchbohrte Hirschhornhämmer, eine Angel aus einem Eberzahn. Gewebe, Geflechte aus Bast und Weidenruten sind in Frauenfeld.

Ganze Töpfe sind selten, sie gleichen den Fig. 12, 13 und 14 abgebildeten. Als Verzierungen kommen vor: Buckeln um den Hals, 2 Zäpfchen dem Henkel gegenüber, Fingereindrücke, Eindrücke von Fingernägeln und Kerben, durch Stäbe hervorgebracht; eine Scherbe zeigt zwei Reihen eingedrückter kleiner Kreisflächen. Wohlerhalten ist ein Messer aus Eibenholz. Die Knochen stammen von denselben Tieren, wie z. B. in Wangen, ausserdem werden hier erwähnt: Dachs, Luchs, Biber, Murmeltier, Ziege.

Wie Ermatingen wurde auch Steckborn-Turgi vor Beginn der sog. Kupferperiode aufgegeben.

Mammern.

Bericht II 128. Bericht IV 26.

Oberhalb Mammern in der seichten Bucht des Neuenburger Horn wurde ein ziemlich ausgedehnter Pfahlbau entdeckt und im Februar 1861 von Messikomer durchforscht. Die Pfähle erstrecken sich etwa 50 m vom Lande in einer Länge von ca. 130 m und ragen zumteil bis 30 cm über den Seeboden hervor. Die Fundstücke lagen oben auf dem Seeboden: Steinbeile, diese zu Hunderten, Schleifsteine, kleine Feuersteingeräte, Scherben und Knochen. Kein einziges Knochenstück zeigt feinere Arbeit, auch die Steinkeile in Frauenfeld und Zürich gehören einer wenig vorgerückten Zeit an. Da keine Brandschicht vorhanden ist, so muss man annehmen, dass diese Ansiedlung vor dem Ende der Steinzeit verlassen wurde.

Insel Weerd.

Bericht IX S. 11. Antiqua 1883 Nr. 9.

Bei Eschenz, östlich der St. Othmarsinsel, befindet sich ein Pfahlbau, der von Herrn Schenk in Stein durchforscht wurde. Die Kulturschicht zeigt deutlich 2 Abteilungen; die untere besteht aus lichtgrauem Thon, sie bildete sich während des Bewohnens und birgt vorherrschend Tierreste. Die obere Schicht ist dunkler, enthält Kohlenreste und entstand durch das Niederbrennen der Ansiedlung; sie enthält Tierreste und Geräte. Die meisten Fundstücke sind in Konstanz, einige in Zürich.

Die Steinwerkzeuge, gegen 50, sind meist gewöhnliche kleine Keile und Meissel, ein Beilrest von Serpentin ist mit Gravuren verziert. Von 3 durchbohrten Beilhämmern fanden sich Reste, ausserdem ein beilartig zugehauener Stein mit seitlichem Wulst (nach Leiner für die Durchbohrung), ein Jadeitbeil, ein grosser, in der Mitte durchbohrter Mühlstein, einige Pfeilspitzen und Messer von Feuerstein und Splitter von solchen. Als weitere Funde werden erwähnt Teile eines Geweihes, ein Eberzahn, ein Hirschgeweih mit Einschnitten einer Metallsäge, zwei dolichocephale Menschenschädel.

Die Ausbeute an Töpferwaaren ist gering; es ist ein sog. geschweifter Becher (vergl. Fig. 15) von geringer Höhe mit ovalem Rand, einige Scherben mit eingedrückten kleinen Kreisflächen. Wenig zu den Pfahlbautöpfen stimmt der Rest eines graubraunen, schön gearbeiteten Topfes mit ausgebogenem Rand, unter dem 2 umlaufende Kreislinien sich befinden.

Als Seltenheiten für den Bodensee zu bezeichnen sind ein Stück Glasschmelz, blauschwarz mit regelmässigen weissen Zeichnungen, und ein Schwert (Fig. 42), nach

Undset vom Ältesten Konzanotypus. Weitere Fundstücke aus Bronze sind ein stark verwitterter Armring, 3 Nadeln mit runden Köpfen, 1 Vasen, 1 Rollnadel. 1 leicht geschweiftes 20 cm langes Bronzemesser.

Diese Ansiedlung wurde dank ihrer günstigen Lage nahe am Ausfluss des Rheines aus dem See bis in die spätere Bronzezeit bewohnt, gegründet jedoch noch in der Steinzeit.

Stein.

Bericht IX 12.   Forrer: Prähistorische Varia aus der Antiqua.

Etwas unterhalb Stein auf der Untiefe Hof fast mitten im Rheine entdeckte man 1883 Pfahlreste, auch Schwellen zur Sicherung der Anlage gegen die Strömung. Man hob hier etwa 150 Steinbeile, darunter 3 kleine weingelbe Nefrite nnd zahlreiche grosse Serpentine, doch sind durchbohrte ziemlich selten; ein Unicum ist ein zerbrochenes Beil aus Basalt. Eine wirtelförmige durchbohrte Serpentinscheibe diente als Hacke, nach Leiner als Schlagknopf. Neben einigen Feuersteingeräten, Horn- und Knochenwerkzeugen und Resten vom Bär, Hirsch, Reh, Biber, Kuh, Schwein sind zu nennen ein unförmiger Topf, Flachsfäden, Flachsgewebe, verkohlte Schnüre und Bastgeflechte. Die Metallzeit wird repräsentiert durch ein Kupferbeil von Steinbeilform, ein Bronzebeil, einen Bronzering, zwei Vasennadeln, eine Rollnadel, zwei Nadeln mit kleinen runden Köpfen und eine grosse eiserne Lanzenspitze.

Die Ansiedlung bei Stein, die den Ausfluss des Rheines beherrschte, bestand bis in die spätere Bronzezeit, vielleicht reicht sie noch in die folgende Periode, ihre Anfänge reichen in die Steinzeit zurück.

Der Vollständigkeit wegen erübrigt noch, einzelne Funde zu erwähnen, die an kleinen Weihern oder in Torfstichen gemacht wurden und mit denen aus den Pfahlbauten völlig übereinstimmen. Ob auch wirkliche Pfahlbaustationen vorliegen, lässt sich mit Sicherheit nicht behaupten, da Pfahlwerk an den betreffenden Fundstätten meines Wissens nicht nachgewiesen ist.

Mindelsee.

Eine halbe Stunde von Markelfingen auf der Halbinsel Bodanrück liegt in sumpfiger Niederung der ziemlich umfangreiche Mindelsee und in der Nähe das Dörfchen Möggingen. Über die Funde am Mindelsee berichten die Hefte des Vereins für Gesch. d. Bodensees X 69, XII 156, XVI.

An Steinartefakten fand man ein Steinbeil, das mit der Handhabe ans einem Stück hergestellt ist (vergl. B. IX Taf. XIX 2), ein Bruchstück eines gut geformten polierten Beilhammers, die Axthälfte ist erhalten und aufs neue fein durchbohrt, ein ungeglättetes schmales Steinbeil. Dazu kommen nur noch ein Eberzahn, 8 Topfscherben, darunter eine mit fein geformtem Rand, ein schöner Thonknopf oder Wirtel, ziemlich dick mit verzierter Oberfläche.

Ganz eigenartig sind die Metallgegenstände. Aus Kupfer oder kupferreicher Bronze sind 3 Nadeln, 2 geschwollene mit seltenen Ornamenten (vergl. Fig. 33 a und b) und eine eigentümlich plattgedrückte und verzierte (vergl. Fig. 33); ein 16 cm langer Dolch, in der Form den Feuersteindolchen entsprechend, mit leisem Grat auf einer Seite und mit 4 Kerben zum Befestigen, eine ähnlich gestaltete Lanzenspitze (vergl. Fig. 39); eine platte Pfeilspitze (vergl. Gross Protohelvetes XV 4), in den beiden Flügeln ist je eine kleine Durchbohrung; der 5,5 cm lange Griff eines doppelschneidigen Rasiermessers (vergl. Fig. 43 b). Diese Rasiermesser wurden in der Westschweiz wiederholt gefunden (B. V Taf. XVI 10 und Gross XIV 26), ebenso in den Terremare Oberitaliens (B. V Taf. II 26). Siehe Tröltsch Typ. 85 a. Nach Undset, Westdeutsche Zeitschrift V 1, gehören diese Rasiermesser zu den ältesten, nach Tischler, Westdeutsche Zeitschrift V 169. gehören sie, wie die Vasennadeln, zu den jüngern Formen der Bronzezeit im Rheingebiet. Als weitere Fundstücke sind zu erwähnen ein platter Bronzering, ein kleiner Ring und 2 Bruchstücke von solchen, eine Angel, ein runder, hohler Bronzeknopf, ein massiver, nicht geschlossener Armreif. innen flach, aussen gewölbt, ein 20 cm langer runder Bronzestab, der am einen Ende platt wird, ein Stückchen eines Bronzeblechs mit getriebenen Ornamenten.

Die Funde bezeichnen einesteils den Übergang von der Stein- zur Bronzezeit und die älteste Bronzezeit (Nadeln, Dolch, Pfeilspitze) andernteils noch die Hallstatt-periode (getriebenes Bronzeblech).

Torfstich Bussensee.

Antiqua 1883 Nr. 2 und 1884 Nr. 3.

Im Bussenried bei Litzelstetten fand man Bruchstücke eines kolossalen Holzgefässes, das aus einem Erlenklotz herausgemeisselt, Spuren von Steinmeisseln zeigt. Ebenda fand man Geräte und Schmuck aus Stein, Horn, Bernstein, Kupfer und Bronze, die halbe Schale einer Schildkröte, die zweimal durchbohrt ist. einen dolichocephalen Frauenschädel. In der Sammlung der Grossherzogin von Baden befindet sich eine durchbohrte Bernsteinscheibe von 3,5 cm Durchmesser und 2—3 mm dicke. Der Rosgarten besitzt von da eine fast gar nicht gekrümmte Kupfer- oder Bronzesichel mit einem Randleisten, einem Verstärkungsleisten in der Mitte und einem Knopf zur Befestigung. 1884 wurde eine eiserne Axt (Francisca), eine 20 cm lange Bronzenadel mit ziemlich grossem, kegelförmig zulaufendem Kopf, der durch 3 umlaufende Kreise und Kerben verziert ist, und ein Bronzemesser ausgegraben.

Im Weiheried

zwischen Dingelsdorf und Wollmatingen fand man 2 Radnadeln aus Bronze (vergl. B. IX Taf. XIX Fig. 20. 21) ähnlich den bei Tröltsch, Fundstatistik Nr. 75 abgebildeten.

Banzenreuthe bei Salem (Killi·Weiher).

Hefte des Vereins für Gesch. d. Bodensees XII 156.

Die Fundstücke gehören alle der Metallzeit an. Es sind 9 Nadeln mit Köpfen, darunter eine Rollnadel, 3 mit rundlichen Köpfen, andere mit Köpfen ähnlich denen von B. II Taf. II 73 B. III Taf. VII 13 und Gross XXI 57. Ausserdem wurden gefunden ein Stück Bronzedraht, ein langes dünnes Bronzestäbchen, eine römische Münze, ein schmaler Kelt mit leicht aufgetriebenem Rande, 17 cm lang, an der Schneide 3,5 cm breit, die halbkreisförmige Schneide eines Randkeltes, ein Kelt mit Schaftlappen und 4 Sicheln mit Verstärkungsleisten und Löchern zum Befestigen an der Handhabe (vergl. Fig. 34). Die genannten Fundstücke gehören der Kupferzeit, der ersten und der spätern Bronzezeit an.

- - -

„Der Bodensee liegt an der Stelle, wo sich von der von Genf nach Schaffhausen führenden prähistorischen Hauptstrasse zwei andere abzweigen, nach Norden die des Neckars, nach Nordosten die der Donau; daher sind hier alle prähistorischen Perioden vertreten, besonders zahlreich die Pfahlbauten der neuern Steinzeit (von Tröltsch)". Im Gegensatz zur Westschweiz, besonders zum Bieler See, wo fast jeder Station der Steinzeit eine weiter im See liegende der Metallperiode entspricht, haben hier die meisten Ansiedlungen die Steinzeit nicht überdauert, nur ganz wenige verraten durch ihre Anlage, dass sie erst in der Metallzeit gegründet oder erneuert worden sind.

Für die Gründung einer Station waren wesentlich dieselben Rücksichten massgebend wie bei der Gründung der heutigen Landansiedlungen, und die Pfahlbauniederlassungen entsprechen, soweit der See eine solche ermöglichte, im Ganzen den jetzigen Dörfern am Bodensee. Gerne wählte man eine seichte Bucht, die gegen den rauhen Westwind geschützt und in der Nähe einer Bachmündung gelegen war, und deren kiesiger Boden das Eintreiben der Pfähle gestattete. Oft in nächster Nähe des Ufers, manchmal, besonders in der Bronzezeit, in grösserer Entfernung von demselben, wurden in regelmässiger Anordnung die Pfähle für den Unterbau der Hütten eingetrieben; die Pfähle wurden in der Bronzezeit durch Grundschwellen und Querhölzer am Grunde verbunden und manchmal noch durch künstlich aufgehäufte Steinhügel gefestigt. Es sind Stämme von allen Baumarten, die die Wälder der Umgegend bilden, doch überwiegt das Laubholz bedeutend. Die Stämme, ganz oder gespalten, wurden mit der Steinaxt zugespitzt und mit Hülfe eines Flosses und schwerer Schlegel in den Boden eingerammt. Auf diesem Rost von Pfählen wurde der Holzboden für die Hütte gelegt; Baumstämme wurden in die Grundpfähle eingekeilt oder durch Holznägel auf diesen befestigt, über diese Querpfähle wurde ein Bretterboden gelegt; die Wände bestanden aus Stangen mit Rutengeflecht, das mit Lehm überstrichen wurde, ebenso bestand der Fussboden aus einer Lehmschicht, das Dach aus Baumrinde und Stroh. Die einzelne Hütte bildete stets ein Rechteck oder ein Quadrat. Über ihre Grösse und Einteilung geben die Hütten in Schussenried, bei denen Fussboden und ein Teil der Wände erhalten sind, am besten Aufschluss. Die Hütte ist dort 10 m lang und 7 m breit und besteht aus zwei Zimmern. Das erste, kleinere, hat die Thüre gegen Mittag und enthält den Herd, das andere steht mit aussen nicht in direkter Verbindung. Ans Ufer führt ein Steg, ins Wasser eine Leiter. In Robenhausen konnte nachgewiesen werden, dass jede Hütte Mühle, Schleifstein, Stallung für das Vieh und Vorratsplatz enthielt.

Die Frage, was denn die Leute veranlasst habe, auf so mühevolle Art ihre Wohnungen ins Wasser zu bauen, wurde schon sehr verschieden beantwortet. Bald nahm man an, diese Hütten hätten als Zufluchtsort in Gefahren, als Festversammlungsort, als Magazine gedient, die ständigen Wohnungen aber hätten sich auf dem Land befunden. Die Masse der gefundenen Gegenstände aber, die dem täglichen Leben dienten und vielfach Spuren des Gebrauchs zeigen, die Küchenabfälle und Vorräte lassen nur die eine Deutung zu, dass diese Hütten der ständige Aufenthalt der Bewohner waren, dass ihre Lage im Wasser Schutz gewähren sollte gegen die Angriffe feindlicher Nachbarn und wilder Tiere. Trotz des eifrigsten Suchens hat man am Ufer Funde, die auf frühere Bewohner schliessen lassen, nicht gemacht. Auch mag das Wohnen über dem See vor dem Aufenthalt an dem in jener Zeit sumpfigen und kalten Ufer den Vorzug verdient haben. Auch sonst haben ähnlich angelegte Wohnungen bis in die geschichtliche Zeit bestanden und bestehen heute noch in Afrika und Neu-Guinea. Bekannt ist der Bericht Herodots V 16 über die Pfahlbauten des Sees Prasias in Thracien.

Im Gegensatz zur Westschweiz, wo das Auftreten des Metalls die höchste Blüte der Pfahlbauten bezeichnet, nahmen am Bodensee nur ganz wenige an dieser Entwicklung in grösserem Umfang teil, die meisten Ansiedlungen wurden vor oder bald nach dem ersten Auftreten des Metalls aufgegeben; viele brannten nieder, wohl durch unglücklichen Zufall, und wurden nicht wieder aufgebaut, nicht wenige scheinen freiwillig verlassen worden zu sein. Am Bodensee scheinen nur Staad, Bodman, Haltnau, Hagnau, Rauenegg (Konstanz). Langenrain, Eschenz und Stein die ganze Entwicklung der Bronzezeit, Unterabteilungen die Eisenperiode und die erste Römerzeit gesehen zu haben.

Die Hauptbeschäftigung der Pfahlbaubewohner des Bodensees bildete neben Jagd und Fischerei der Ackerbau und die Viehzucht. Häufig findet man die Gräten von Fischen, besonders von grossen Hechten, die Knochen zahlreicher Vogelarten, Reste von Hirsch und Reh, Wolf, Bär, Luchs, Fuchs, Biber, Wildschwein, Ur, Wisent, Elch. Angeln und Harpunen zum Fischfang sind sehr häufig, auch in der Steinzeit, wo sie aus Knochen und Eberzähnen hergestellt sind, vielfach wurde auch der Pfeil und das gestrickte Netz zu diesem Zwecke angewendet. Das häufigste Jagdtier war der Edelhirsch, daneben Wildschwein und Reh, denen man mit Bogen und Pfeil, mit Lanze und Dolch zu Leibe ging; grössere Tiere, Wolf, Bär, Urochs, fing man wohl in Gruben.

Wenn auch Jagd und Fischerei wesentlich zum Unterhalt der Pfahlbauleute beitrug, so konnte es doch bei der immerhin dichten Bevölkerung nicht genügen; Ackerbau und Viehzucht waren damals schon die wichtigsten Nahrungsquellen. In den ältesten Ansiedlungen, die völlig der Steinzeit angehören, finden wir den Ackerbau auf einer verhältnismässig sehr hohen Stufe. In Wangen z. B. hat man scheffelweise verkohltes Getreide gehoben, in jeder Ansiedlung fand man zahlreiche Mahlsteine und Kornreiber, die zum Zermalmen des Getreides dienten. Gelockert wurde die Ackererde durch Hirschhorn- oder Steinhacken, karstartige Hirschhornstücke oder durch Baumäste und Holzscheite, auch quergestellte Steinbeile konnten dazu verwendet werden. Von Getreidearten wurde angebaut die kleinkörnige sechszeilige Gerste und der kleine Pfahlbauweizen, sowie die grössere sechszeilige Gerste und der ägyptische Weizen. Diese Fruchtarten sowie der Flachs und das kretische Leimkraut weisen auf die Verbindung mit dem Mittelmeer. Die Getreidekörner wurden auf den Mahlsteinen mittels der Kornquetscher zermalmt, zu einem Brei angerührt und daraus kuchenförmige Brote geformt, die zwischen heissen Steinen geröstet wurden; solche Brote hat man in Wangen wiederholt gefunden. Ausserdem trugen zur Ernährung bei die Früchte des wilden Apfel-, seltener des Birnbaumes, Eicheln, Buch- und Haselnüsse, Schlehen, Brombeeren und Himbeeren; die Samen von den letztgenannten Früchten wurden in grossen Massen in Wangen gefunden, so dass man die Vermutung aufstellte, die Pfahlbauern hätten daraus eine Art Wein bereitet.

Bedeutend war auch die Viehzucht. In den Stationen der jüngern Steinzeit finden wir den indo-europäischen Haustierstand vollständig vertreten. Neben dem ältesten und treuesten Begleiter des Menschen, dem Hund, fehlen fast nirgends Rind, Schaf, Ziege, Schwein, in manchen Stationen hat man auch Reste vom Pferd gefunden. Die Tiere hatten ihre Stallungen auf den Hütten und überwinterten daselbst. Den Flachs benützte man zur Herstellung von Fäden und Seilen, man fertigte daraus Fischernetze, Geflechte, Matten und Gewebe. Spinnwirtel fehlen auf keiner Station, als Gewichte zu dem jedenfalls höchst primitiven Webstuhl dienten ganz oder teilweise durchbohrte Thonkugeln oder Thonkegeln.

Für die täglichen Geschäfte in und ausser dem Hause bedurften die Pfahlbaulente zahlreicher Werkzeuge, die sie aus Feuerstein, Stein, Horn, Knochen und Holz herstellten. Waren auch die Geräte und Werkzeuge von der grössten Einfachheit, so ist doch kein Zweifel, dass nicht jeder für seinen Bedarf alles selbst anfertigte, sondern es bestand sicher schon damals Arbeitsteilung. Maurach z. B. scheint die Centralwerkstätte für die Bearbeitung des Nefrit, Wallhausen und Bodman für den Feuerstein, Bodman ausserdem für Töpfereiwaren gewesen zu sein.

Wichtig auch für die Herstellung der andern Werkzeuge war der Feuerstein, der teils vom Randen geholt, teils, wie die Farbe anzudeuten scheint, aus Frankreich bezogen wurde. Aus Feuerstein wurden durch Spalten und Schlagen Messer, Bohrer, Sägen, Schaber, Dolche, Pfeil- und Lanzenspitzen hergestellt. Die Eleganz und Vollkommenheit der nordischen Feuersteingeräte wurde am Bodensee bei weitem nicht erreicht, nur einzelne Stücke erinnern an nordische Vorbildern, auch ein geschliffenes Beilchen hat man in Wallhausen gefunden, aber das ist am Bodensee ein Unicum; die gewünschte Form erhielt das Werkzeug lediglich durch Schlagen. Pfeil- und Lanzenspitzen wurden in das gespaltene Ende von Stäben gesteckt und durch Erdpech, Bast oder Schnur befestigt; die Sägen wurden meist in Fassungen von Eibenholz eingelassen und durch Erdpech befestigt, oder sie wurden wie die Messer in Hirschhornzinken gesteckt.

Die Hauptmasse der Werkzeuge bilden die Meissel, Keile und Beile aus Stein. Aus den Geschieben wählte man zähe und harte Steinblöcke aus, sägte sie mittels eines Holzstückes und Quarzsandes an, zerschlug den Stein in kleinere Stücke und gab diesen durch Schleifen auf Sandstein die gewünschte Form. Die grossen Steinkeile wurden wohl ohne Schaftung mit der Hand selbst gebraucht, die Meissel wurden in Hirschhornstücke gesteckt, die kleineren Beile bekamen einen Schaft aus Holz. Oft wählte man dazu einen Ast, von dem ein anderer sich abzweigte; der Seitenast wurde gespalten, in die Spalte der Keil eingeklemmt und durch Schnüre befestigt; diese Art der Befestigung war in Wangen die gewöhnliche. In Bodman findet man in eine gerade Keule eine Höhlung eingearbeitet, in die der Steinkeil eingesetzt wurde. Weniger häufig am Bodensee, aber allgemein gebräuchlich in der Westschweiz ist die Schaftung mittels Hirschhornfassung. Von einem starken Geweih wird ein Stück abgesägt, auf der einen Seite exakt zur Aufnahme des Beiles ausgehöhlt, die andere Seite wurde viereckig zugeschnitten und in einen entsprechenden Ausschnitt der Holzkeule eingefügt.

Vollkommener wurde die Befestigung, als man gelernt hatte, Steinbeile zu durchbohren. Durchbohrte Steinbeile, fast ausnahmslos an dem einen Ende als Axt, an dem andern als Hammer geformt, sind die elegantesten Werkzeuge der Steinzeit; mit unendlich viel Mühe wurden sie geformt, geschliffen und poliert, mit Einschnitten oder erhabenen Streifen verziert und rund oder oval durchbohrt. Die Durchbohrung geschah mittels eines Hornes, eines Röhrenknochens oder Schilfrohres und Quarzsandes; auch Holzröhren konnte man dazu gebrauchen. Der Bohrer wurde durch ein Widerlager auf den zu durchbohrenden Stein gedrückt und durch einen Bogen hin- und herbewegt; die Bohrung geschah, wie die Bohrzapfen beweisen, meist von beiden Seiten aus. Rätselhaft ist immerhin die Bestimmung dieser durchbohrten Steinhämmer; das Beilende ist nie so scharf geschliffen, dass es praktisch zu gebrauchen wäre, an der Bohrung ist die Wand so dünn, dass das Werkzeug bei starkem Schlag zerspringen musste, und in der That fand man die meisten als Fragmente. Vielleicht waren es nur Prunkwaffen. Als weitere Steinwerkzeuge sind Spinnwirtel, Kornquetscher und die sog. Schleudersteine zu nennen, über die schon früher gesprochen wurde.

Welche Gesteinsarten vorzüglich zu Werkzeugen verwendet wurden, ist bei einzelnen Stationen angegeben; nur die Nefritfrage muss hier noch gestreift werden. Werkzeuge aus Nefrit finden sich in der Westschweiz sowohl, wie am Zürichsee und den kleinen Seen der Zentralschweiz, aber hier wurde er verhältnismässig selten gehoben, in grösserer Menge nur am Bodensee; in Maurach allein hat man über 1000 Stücke gefunden. Rohnefrit war man im Alpengebiet, überhaupt in Europa, trotz eifrigen Suchens lange nicht begegnet, häufig dagegen ist er in Turkestan, Sibirien Neuseeland. Lange hielt man an der Ansicht fest, alle Nefritwerkzeuge seien fertig auf dem Handelsweg den Bewohnern der Pfahlbauten zugegangen. Dem widerspricht nun, dass Splitter, Abfälle, unbearbeitete Stücke in Maurach gehoben wurden; ausserdem fand man Rohnefrit, wenn auch nicht allzugrosse Stücke — er war auch zur Zeit der Pfahlbauten nicht häufig — am Neuenburger-See, in Steiermark, Böhmen, Schlesien, bei Potsdam und Leipzig. Endlich ist nach Arzruni (Verhandlung der Berliner Gesellschaft für Anthropologie 1883 S. 478) der schweizerische Pfahlbautennefrit in der Struktur ganz verschieden vom neuseeländischen, sibirischen, turkestanischen. Es ist somit anzunehmen, dass die Nefritwerkzeuge der Pfahlbauten aus einheimischem Material gewonnen wurden.

Nächst dem Stein wurde am häufigsten Hirschhorn und Knochen zu Werkzeugen verarbeitet. Ausser Fassungen für Feuersteinmesser und -dolche, für Meissel und Steinbeile wurden aus Hirschhorn Harpunen, Dolche, Pfriemen, Kämme verfertigt; dicke durchbohrte Geweihstücke dienten als Hammer, an einer Seite zugeschärft als Hacke und als Schaufel. Aus Knochen fertigte man Pfriemen, Meissel, Schaber. Angeln; gespaltene und geplättete Rippenknochen wurden zu Hecheln zusammengebunden. Diese Knochenwerkzeuge wurden vielfach fein poliert. Aus Eberzähnen verfertigte man Messer und Angeln, durchbohrte Wolf- und Bärenzähne trug man an einer Schnur als Schmuck oder als Amulette, ebenso durchbohrte Knöchelchen und Steinchen. Aus Holz endlich waren die Stiele für Hämmer, die Schäfte der Beile, Lanzen und Pfeile, Schlegel, Keulen, Schüsseln. Bei Arbon fand man ein Ruder, von Einbäumen aber am Bodensee keine Spur.

Zu den interessantesten Funden gehören die Erzeugnisse der Töpferei: durch sie wird vor allem der Kulturgrad des Volkes ersichtlich. Form und Ornamentierung wurden jeweils bei den einzelnen Stationen berücksichtigt. In der Steinzeit bestehen die Töpfe aus ungereinigtem Thon, untermischt mit kleinen Quarzstücken, die dem Gefäss Festigkeit und Haltbarkeit im Feuer geben sollten. Die Wände mancher Gefässe sind bis 2 cm dick, die Form besonders der ganz grossen Gefässe, die zum Aufbewahren von Vorräten dienten, ist in der Regel cylindrisch, Ornamente fehlen ganz. Dann erscheinen durchbohrte Buckeln zum Durchziehen von Schnüren, Henkel und als früheste Verzierungen Warzen. Eindrücke von Fingern und Fingernägeln, tief eingeritzte Netzverzierungen, Kerben und eingedrückte Kreisflächen. Später wird der Thon feiner, die Wand dünner, die Form eleganter, als Ornamente erscheinen Dreiecke in verschiedener Anordnung, umlaufende Kreislinien, Mäander; oft sind diese Verzierungen mit weisser Kalkmasse ausgefüllt. Alle Töpfe der Pfahlbauten sind ohne Töpferscheibe geformt, die grossen Urnen wurden in der Weise hergestellt, dass über dem Boden wurstförmige Thonstreifen spiralig übereinandergelegt wurden. Die Art des Brennens bedingt bei manchen Töpfen die glänzend schwarze Farbe. Aus Thon wurden ferner Webstuhlgewichte und die meisten Spinnwirtel gebildet.

Als Kleidung werden die Bewohner der Pfahlbauten zunächst wohl die Felle der Jagdtiere und der Schafe getragen haben; sie verstanden die Häute zu bearbeiten und zu gerben, Spuren von Leder sind in den Pfahlbauten nachgewiesen.

Aus Flachs gewannen sie Schnüre, Matten und Gewebe. Als Schmuck trugen sie Haarnadeln aus Knochen, durchbohrte Zähne, Steinchen, Muscheln; sehr selten ist der Bernstein, der nur auf dem Handelsweg an den Bodensee gelangen konnte. Über die religiösen Vorstellungen der Pfahlbauleute hat man nur Vermutungen; vielfach wurden mit ihrem religiösen Kultus die sog. Mondbilder in Zusammenhang gebracht, die in der Westschweiz und in Oberitalien sehr häufig sind, am Bodensee aber zu den grössten Seltenheiten gehören. Rätselhaft ist auch, wo die Pfahlbauern ihre Toten bestattet haben. Im See wurden Menschenreste nur ganz selten gefunden und es ist anzunehmen, dass sie von Verunglückten stammen; am Neuenburger- und Genfersee fand man je eine Grabkammer mit entsprechenden Funden, am Ufer des Bodensees bis jetzt nicht die leiseste Spur; man muss annehmen, dass sich die menschlichen Reste vollständig aufgelöst haben.

Getreidearten wie der Haustierstand deuten die Verbindung des Pfahlbauvolkes mit dem Osten an, auch sind die Ansiedlungen gegen Osten hin sehr zahlreich, im Westen über dem Jura hinaus sehr selten. Wenn, wie in der Einleitung erwähnt, die Periode der Terremare, der bei uns die Pfahlbauten der Bronzezeit entsprechen zwischen 2000 und 1000 v. Chr. gesetzt wird, so reichen die Pfahlbauten der Steinzeit noch in das 3. Jahrtausend v. Chr., denn nach der Menge der Fundgegenstände, nach der Mächtigkeit der Kulturschicht dauerte die Steinzeit viele Jahrhunderte.

Eine Umwälzung im Leben der Pfahlbaubewohner führte das Bekanntwerden der Metalle herbei. Man nahm an, dass ein neues Volk im Besitz metallurgischer Kenntnisse einwanderte, die ältere Bevölkerung unterjochte, aber ihre Lebensweise annahm, bis auch dieses Volk wieder durch ein neues, das Eisen zu bearbeiten verstand, vernichtet wurde. Die Pfahlbaustationen des Bodensees machen diese Hypothese nicht wahrscheinlich, eine gewaltsame Unterbrechung der Kultur lässt sich nirgends bemerken, vielmehr eine stetige allmähliche Entwickelung. Die Funde deuten an, dass einige Stationen nur bis zum Übergang zur Metallzeit, andere bis in die früheste Bronzezeit bestanden, dann entweder niederbrannten und nicht wieder aufgebaut oder freiwillig aufgegeben wurden, dass einige die ganze Bronzezeit überdauerten und bis zur Römerzeit bewohnt blieben. Steinwerkzeuge wurden in der ersten Bronzezeit, als das Metall noch selten und teuer war, immer noch gebraucht. Für eine stetige Weiterentwicklung spricht auch die Form der ältesten Metallgegenstände, Beile und Dolche, welche treue Nachbildungen der entsprechenden Steinwerkzeuge sind. Nach Tischler kam der Gebrauch des Metalls in Asien auf, die Kupferaxt, wenigstens die Form, stammt aus Sibirien. An den Bodensee kam das Kupfer wohl aus Ungarn, wo gediegenes Kupfer häufig ist und Kupfergeräte massenhaft gefunden wurden.

Die Kupferzeit war nur von geringer Dauer, sie bildet den Übergang von der Stein- zur Bronzezeit. Auch die Bronze kam an den Bodensee zuerst wohl aus Ungarn, wo die ältesten Typen der Bronzegerätschaften sich finden, dann aber wurde sie vom Süden her längs der Rohne und über die Alpenpässe durch die Phönicier und später Etrusker eingeführt. Aus Metall wurden zuerst die notwendigsten Schneidewerkzeuge hergestellt, vor allem das Beil, die Sichel, Messer, Schwerter und Dolche und dann die zahlreichen, geschmackvollen Schmuckgegenstände: Ziernadeln, Arm- und Halsringe. Hängestücke etc. Schon die Anlage der Ansiedlungen, die in der Metallzeit gegründet wurden, lässt auf vollkommnere Werkzeuge schliessen; stärkere Bäume wurden gefällt und die Pfähle weiter vom Ufer entfernt eingeschlagen. Dass in den Pfahlbauten der westschweizerischen Seen die Herstellung von Bronzegeräten und Schmuck sehr entwickelt war, beweisen die zahlreichen Gussmodelle aus Molasse und Bronze; am Bodensee zeigten sich davon nur geringe und unsichere Spuren in Sipplingen und

Unternhldingen. Die Erzeugnisse der Bronzezeit am Bodensee unterscheiden sich von denen der Westschweiz nicht wesentlich; so reiche Ausbeute, wie die Stationen am Bieler-, Neuenburger- und Genfersee, gewährt keine Ansiedlung des Bodensees, aber Form und Ornamentierung der Gerätschaften und der Töpfereierzeugnisse haben im Westen ihre Analogieen.

Das erste Auftreten des Eisens lässt sich am Bodensee nicht nachweisen, die Periode nämlich, in der das Eisen noch so selten war, dass es als Einlage in den Griff der Bronzeschwerter und als Schmuck verwendet wurde. Zwar ist die Hallstattperiode in Bodman, Hagnau, Rauenegg etc. vertreten, aber nur durch Bronzegegenstände. Die folgende, den grössten Teil Europas umfassende Kulturperiode, die sog. La Tène-Zeit, die Zeit des gallischen Eisenschwertes und der charakteristischen eisernen Gewandnadel, ist am Bodensee einzig und allein in Unternhldingen nachzuweisen, wo auch zahlreiche römische Gegenstände aufgefunden wurden. Die für den Handelsverkehr so günstige Lage dieser Station hat wohl dazu beigetragen, dass sie zuletzt von allen aufgegeben wurde.

Die Pfahlbauten des Bodensees stimmen in Anlage und Fundergebnissen in allen Hauptsachen vollständig mit denen der schweizerischen Seen überein. Wir finden hier dieselben Jagd- und Haustiere, die nämlichen Getreidearten; die Werkzeuge aus Stein, Holz, Knochen und Horn, sowie die von Metall, auch die Erzeugnisse der Töpferei sind nach Material, Form und Ausführung mit ganz wenigen Ausnahmen, auf die bei Behandlung der einzelnen Stationen hingewiesen wurde, hier wie dort die gleichen. Stationen, die nur Metallgegenstände geliefert haben, giebt es am Bodensee mit alleiniger Ausnahme von Langenrain nicht, dagegen sind sie in der Westschweiz nicht selten. Trotzdem aber am Bodensee die Metallstationen schon in der Steinzeit bewohnt wurden, sind die meisten von ihnen doch in der für sie charakteristischen Weise, Querhölzer am Grunde, einige mit künstlich aufgeschütteten Steinhügeln um die Pfähle, angelegt. Ob sie ursprünglich oder erst nach einer Zerstörung so aufgebaut wurden, darüber fehlen die Untersuchungen. Dagegen beweisen die Funde, dass keine Ansiedlung der Bronzeperiode am Bodensee zu so hoher Blüte und Reichtum gelangte, wie an allen westschweizerischen Stationen einzelne bestanden; am nächsten noch kommt Unternhldingen; vor allem fehlen hier die reichen, mit grosser Kunstfertigkeit hergestellten und geschmackvoll verzierten Schmuckgegenstände: Armreife, Ketten, Gewandnadeln, Hängestücke sowie auch die Schwerter ganz, oder sie sind nur in seltenen Exemplaren vorhanden; von den sog. Kochringen fand sich nur eine unsichere Spur, von den Mondbildern nur 2 unverzierte Exemplare. Es mag das seinen Grund darin haben, dass die Bevölkerung des Bodensees während der höchsten Blütezeit der westlichen Bronzestationen sehr zurückgegangen und verarmt war, oder auch darin, dass die westschweizerischen Bronzestationen ein eigenes Kulturcentrum bildeten, von dem ferner liegende Gegenden nur wenig beeinflusst wurden. Jedenfalls blieben am Bodensee nur vereinzelte Stationen so lange bewohnt wie die Mehrzahl in den Seen des Westens.

www.ingramcontent.com/pod-product-compliance
Lightning Source LLC
Chambersburg PA
CBHW021527090426
42739CB00007B/821

9 7 8 3 7 4 3 3 6 4 6 7 7